生涯教育
初中版 上册

朱桦 主编
满园 刘礼功 副主编

中国纺织出版社有限公司

内 容 提 要

本书旨在让初中阶段的孩子系统地了解整个初中生涯阶段性的学习内容，全书共分上、下两册，上册主要介绍了生涯的自我认知、自我探索、学业规划、学习能力等，全套书可作为中学生涯规划老师、心理教师、初中生父母及从事心理教育、生涯教育从业者的自我研修读物，也可作为生涯教育讲师完成授课任务的参考用书。

图书在版编目（CIP）数据

生涯教育：初中版. 上册 / 朱桦主编；满园，刘礼功副主编. --北京：中国纺织出版社有限公司，2024.1

ISBN 978-7-5229-1254-7

Ⅰ. ①生… Ⅱ. ①朱… ②满… ③刘… Ⅲ. ①职业选择—初中—教学参考资料 Ⅳ. ①G634.933

中国国家版本馆CIP数据核字（2023）第238750号

责任编辑：刘 丹　　责任校对：寇晨晨　　责任印制：储志伟

中国纺织出版社有限公司出版发行
地址：北京市朝阳区百子湾东里A407号楼　邮政编码：100124
销售电话：010—67004422　传真：010—87155801
http://www.c-textilep.com
中国纺织出版社天猫旗舰店
官方微博 http://weibo.com/2119887771
天津千鹤文化传播有限公司印刷　各地新华书店经销
2024年1月第1版第1次印刷
开本：889×1194　1/16　印张：12
字数：305千字　定价：88.00元

凡购本书，如有缺页、倒页、脱页，由本社图书营销中心调换

编委会

主　编：朱　桦

副主编：满　园　刘礼功

编　委：

欧韵东　吴松花　王红艳　黄丽英

郭秀峰　单志波　郭　勇　曹　宇

陈　红　王泉蔚　赵　璇

前 言

2014年9月，《国务院关于深化考试招生制度改革的实施意见》正式发布，即"新高考改革"，同年浙江、上海率先启动"新高考改革"。这场变革深刻影响了小学与初高中的教育内容与形式，"新高考改革"更加关注学生的素质教育，关注学生的个体发展以及学生对学习的主动探索和对生涯发展方向的选择。生涯教育开始从大学课堂逐步走向初、高中课堂，乃至小学课堂，形成生涯发展教育的全链条。

近年来随着中考与"新高考改革"政策的不断深化，生涯教育对学校教育有着更深远的意义。初、高中教育内容、课程体系设置等方面均有改革，同时初、高中生正处于生理与心理逐渐成熟的关键阶段，自我意识开始形成，因此需要初、高中生及时调整好心态，锻炼自身的心理适应能力。初、高中生无论在学习上还是生活上，都容易因为一些小挫折对未来感到迷茫，甚至出现否定自己、消极学习的情况。在这样的背景下，生涯教育极为重要，因此，在学校开展生涯教育是一项刻不容缓的工作。

生涯教育不是某个阶段所特有的，而是一个连续不断、终身发展的过程。个体在不同的年龄阶段有着不同的任务，每一阶段要达到一定的生涯发展水准，并且前一阶段发展任务的达成与否关系到后一阶段的发展。

生涯教育的目的，不是让学生立刻进行生涯规划，而是要唤醒和慢慢培养他们规划人生的意识。只有深刻认识到人生需要规划、人生可以规划，他们才能在未来的生活中做好生涯规划，不至于在人生路上寻寻觅觅、跌跌撞撞，没有明确的方向。

从生涯发展理论来看，初中阶段为生涯定向阶段。此阶段的学生正处于青春发育期，独立意识增强。这一阶段的主要任务是进一步澄清自我概念、探索自我、悦纳自我，逐步完成"自我同一性"，塑造健全的人格，树立学习自信心；培养各方面的能力和特长，进一步掌握相关职业知识，正确认识工作角色，将学习与未来职业联系起来，思考学科学习的现实意义与自身职业倾向；认识社会需求和自身需求以及二者的关系，根据个人的生涯特点，培养满足社会需要的能力。

初中生涯教育要解决学生和家长、老师的诸多难题。首先需要澄清初中阶段的生涯任务，即适应初中生活、自我优势能力识别与中考决策。了解初中阶段是作为高一选科、分科的重要学习基础阶段。

其次，需要激发初中生基于自我认知的动力。初中生所处的年龄阶段是敏感时期，尤其是初二的叛逆期，学生有了强烈的成人感和独立意识，容易在人际与社会交往中采取一种盲目对抗的态度，在家庭中父母无法像小学阶段那样过多参与学生的学习和生活。此时就需要基于学生个体生涯特点，唤醒他们的生涯意识，激发他们的学习动力，包括个人学习兴趣及对学习方法的探索、成就感、动机激发等。在此基础上加强基于生涯教育的发展认知，促使初中生认知学科知识的具体应用价值，了解学科的深度发展应用方向，了解学科学习与高中选科的关联，促使学生产生与学科相关的专业与职业愿景，促进自主学习，提升自我效能感，找寻生命的价值。

本教材既可以让学生系统地了解整个初中阶段生涯教育的学习内容，也可以作为广大中学心理教师、生涯规划老师和心理教育、生涯教育从业者的自我研修读物，还可以作为生涯教育讲师的参考用书。本教材通过构建初中学生的生涯思维，以唤醒生涯意识为设计核心，以初中生涯发展的每个阶段为主线，融入了生涯教育发展观，从生涯的自我认知、自我探索、学业规划、学习能力、学习策略、心理健康、生涯素养、专业与职业、升学规划，到生涯抉择等相关内容，都是初中生最关注的生涯问题。本教材分上、下两册，每册分为四篇。其中设计有初中生生涯教育讲授课件，以达到学生学习和教师教学的良好效果，可以作为生涯教育教师完成授课任务的参考用书。

本教材由以朱桦院士为核心的课题研究专家成员共同撰写，倾注了每位成员的心血。鉴于学识所限，存在不足或错误的地方请大家批评斧正。

朱 桦

2023 年 10 月

目 录

第一篇　自我认知

第一章　生之涯——认识生涯教育　　2
第 1 节　融入初中：我不再是小学生　　2
第 2 节　对生涯的理解　　4

第二章　生涯与生命价值　　12
第 1 节　生命的意义　　12
第 2 节　为什么要珍爱生命　　17

第二篇　自我探索

第一章　发现自我：我是独一无二的　　22
第 1 节　我是一个怎样的人　　22
第 2 节　我喜欢什么：我的兴趣　　38
第 3 节　兴趣与职业的关系　　44

第二章　自我成长：我想要的生活　　48
第 1 节　发挥你的潜能：找到你的优势智能　　48
第 2 节　找到自己的优势智能：我适合做什么　　58
第 3 节　我的价值观：我想要的生活　　59

第三章　生涯探索：描绘我的生涯彩虹　　70
第 1 节　初识生涯彩虹图　　70

第2节　我的梦想之旅　　　　　　　　　　　　　　　　74

　　第3节　写给未来的自己　　　　　　　　　　　　　　　79

第三篇　学业规划

第一章　学业规划：开启学习动机　　　　　　　　　　　82

　　第1节　树立正确的学习动机　　　　　　　　　　　　　82

　　第2节　一切尽在我的掌握之中：制订学习计划　　　　　89

　　第3节　制订学习计划：一定要懂得时间管理　　　　　　92

　　第4节　让学习的车轮转起来：培养良好的学习习惯　　　98

　　第5节　我会学习：学习方法　　　　　　　　　　　　　103

第二章　学业规划：养成优良的心理品质　　　　　　　111

　　第1节　学业规划与心理健康　　　　　　　　　　　　　111

　　第2节　应对学习：压力转化训练　　　　　　　　　　　112

　　第3节　认识考前焦虑　　　　　　　　　　　　　　　　117

第四篇　学习能力

第一章　什么是学习力　　　　　　　　　　　　　　　　122

第二章　学习训练：开启智慧大门　　　　　　　　　　123

　　第1节　开启智慧之门：注意力训练　　　　　　　　　　123

　　第2节　克服你的马虎：观察力训练　　　　　　　　　　132

　　第3节　为智慧插上翅膀：想象力训练　　　　　　　　　142

　　第4节　探寻记忆的奥秘：记忆力训练　　　　　　　　　160

　　第5节　打破思维定式：思维力训练　　　　　　　　　　173

第一篇　自我认知

自我认知指的是一个人对自己的了解和认识，包括自我观察和自我评价。它是一个人成长和发展的基础，包括性格、兴趣、优点、缺点、价值观等方面。一个人如果不能清晰地了解自己，也无法把自己与周围人相区别时，他就不可能认识外界客观事物。人只有认识到自己是谁，应该做什么，才会自觉、自律地去行动。一个人了解了自己的长处和不足，有助于他发扬优点，克服缺点，取得自我教育的效果。自我认知是自我了解的重要内容，是个人生涯规划设计的主要基础理论。

自我认知是一个长期的过程，需要不断地探索和学习。通过学习，我们可以更好地认识自己，发现自己的优点和缺点，进而改进自己的行为和态度，实现自我的提升和成长。

初中生正值12～15岁的年龄阶段，最显著的特点是自主性和独立性增强，他们开始强烈地关心自己的身体容貌、个性特征等，同时也关注他人对自己的评价。初中阶段是生涯意识发展的关键时期，处于职业生涯发展的探索期与成长期，这一时期对于职业生涯发展有着重要的影响。因此，如何正确认识自我是每一位初中生的必修课。

第一章 生之涯——认识生涯教育

吾生也有涯，而知也无涯。

——《庄子·养生主》

第1节 融入初中：我不再是小学生

亲爱的同学，你好！欢迎你跨进初中的校园，丰富多彩的初中生活开始了！

挥手告别了小学的时光，微笑迎来美好的初中生活。新的学校，新的同学，新的老师，新的开始……初中生活从今天起航了。

初中是我们人生中的重要时期。在初中三年的学习生涯里，我们将以恒心为良友、以经验为参谋、以智慧为兄弟、以希望为哨兵，在知识的海洋里，尽情快乐地畅游。无论遇到什么困难，我们都要勇敢面对，永不退缩，坚信"世上无难事，只怕有心人"，珍惜初中的美好时光，尽情去体验、去感受无穷的幸福与快乐！

亲爱的同学们，让我们展望未来、憧憬未来，鼓起勇气，扬帆起航，一起朝着梦想的方向前进吧！

生涯困惑

上小学时，小玲成绩优异，深受老师的喜爱。可上初一以后，她觉得初中老师讲课太快了，而且也不如小学老师讲得那么生动形象，有的学科听不懂，作业多了，课外活动的时间少了，老师对她的关心也少了。一学期下来，她的学习成绩明显下滑。因此，她对自己的现状充满了担忧。

点评：初一刚入学，学生步入新的环境、新的学校，难免会出现不安与焦虑的心理反应。实际上，初中与小学相比，无论是课程设置、教学方式、学习方式，还是学生的生理、心理都发生了很大变化，这就对初中学生提出了许多新的要求。因此，许多学生都会出现不适应的情况，甚至出现不爱上学、厌学等现象，这就需要家长与老师帮助他们改变认识，改进学习方法，提高学习能力，顺利地适应初中生活，完成从小学到初中的过渡。

生涯体验

找出自己不适应的地方（表1-1），并进行小组讨论与分享。

表1-1

内容	我的困惑（遇到的问题）	我的规划（应对策略）
学习方面		
生活方面		
自身变化		
其他方面		

总结：初中阶段的你，正处于身心发展的过渡期，对自己和周边环境的认识逐渐加深，但是仍保留着多变性、活跃性的特征。小小的脑袋经常会有大大的困惑：什么学科才是我擅长的呢？什么样的高中才适合我？未来的我应该选择什么样的专业，适合什么样的职业呢？如何对自己的未来有一个清晰的目标与规划，这就要求我们学会对自己的生涯进行管理，了解自己，明确生涯的目标，并运用生涯技能，引导自己做好人生规划。

第2节　对生涯的理解

提到"生涯"这个词，我们的脑海中很快就会浮现出"学生生涯""职业生涯"等词，在不同的理论体系中生涯的概念往往有不同的定义和阐释。美国职业生涯大师舒伯指出，生涯是一个人一生中所经历的一系列职业和角色的总称，即个人终身发展的历程，生涯的每个阶段在人生当中都充当着不同的角色与承担着不同的义务。

生涯的内涵不仅仅包括一个人选择什么样的工作，在哪里工作，工作取得了什么样的成就，还包括除了工作者的角色外的所有角色。比如，"初中毕业后是继续上高中还是去读职校呢？""考大学的时候，去哪里读书？""读什么专业？""如何选择？"等问题。除了考虑自己的成绩、兴趣的因素外，还要考虑我们自己的角色，如"我如何做父母的好孩子？""我如何与父母相处？"等，这些都是生涯的范畴。作为一名初中生，学习正是这个阶段的主要任务。

生涯名词

生涯

"生涯"最早出现在《庄子·养生主》中，"吾生也有涯，而知也无涯"，这句话中的生涯是指生命或人的一生。"吾生有涯，而知无涯"，"生"指生命或人生，"涯"指边界。生涯就是指人生的边界，因而生涯也有了生活、生计、生命的含义。

综上所述，生涯是人的生命历程，包括了我们一生中所扮演的各种角色的总和，是指每个人有限的全部生命旅程，即个人终身发展历程。

生涯规划

生涯规划是指个人通过对生活中主客观因素的分析，探索全部可能的发展方向，确定发展目标，通过制订合理的计划以及持续的行动逐步实现目标的过程，是人一生中不间断地追求健康人格和自我价值实现的过程，生涯规划对我们的终身发展与全面发展具有非常重要的意义。

初中生的生涯规划最重要的方面是有关学业的规划。学业规划是指求学者为提高人生职业发展的效率，对与之相关的学业所进行的筹划与安排。

职业生涯规划

职业生涯规划是指组织或者个人把个人发展与组织发展相结合，对决定个人职业生涯的个人因素、组织因素和社会因素等进行分析后，所做出的有关个人一生中在事业发展上的战略设想与计划安排。

生涯教育

一个人成长中一生的教育，也是终身教育，它包括生涯规划与职业规划。

生涯教育的核心

生涯教育的核心问题是"我是谁""我要去哪""我如何到达那里"。

首先，每个人必须知己知彼。知己，是指了解自己的优势和弱势以及潜能，以便扬长补（避）短。知彼，是指了解社会的发展和职业的需求，以便合理选择。因此，了解"我是谁"，澄清自己的职业理想、期望等，需要生涯教育帮助我们了解自己的能力倾向、兴趣、个性等情况。也就是弄清楚"我最喜欢干什么""我适合干什么""我需要什么"等问题。创造条件去发掘自己的潜能，并使这些潜能的爆发成为推动成功的动力。尝试各种选择，探索自己的能力和感受，这样可以坚定自己的信心与追求，察觉自己在乎什么。

其次，规划生涯还需要考察客观环境给我们提供的可能性，判断自己能在多大范围内进行自由选择。比较各种选择的利弊，以做出合理而恰当的选择。这个过程要解决的问题是"我有可能干什么""我可以做什么""我如何到达那里"等。

人生需要规划吗？如果说有规划的人生叫作蓝图，那么没有规划的人生叫作什么呢？只能叫作拼图；有目标的人生叫作航行，那么没有目标的人生呢？只能叫作流浪。初中生处于职业尝试期，心理和生理迅速成长发育和变化，独立意识开始形成，知识积累显著增长，各方面能力显著增强，初步懂得社会生活的经验。发展兴趣专长，形成积极的劳动观念和态度，具有初步的生涯规划意识和能力应当成为这一阶段职业生涯规划教育的主题和目的。

我们可以通过了解并体验父母、亲戚从事的职业生活与职业感受，初步尝试制订自己的职业生涯规划，培养自我规划意识，为将来选择和规划职业奠定基础。这样的活动可以让学生认识更多的职业，关注职业角色的社会地位、社会意义，了解各种职业的要求，并结合自身条件和能力培养职业兴趣。

生涯训练

新学期，新展望

小组讨论： 用两分钟时间，让学生写下自己对新学期的愿望，通过思考，帮助学生确立自己的目标以及采取哪些方法完成设定的目标。

（1）我是一名初中生，我希望在本学期收获什么？_____（我的目标）

（2）实现这个愿望，应该如何做？第一步先做什么？_____（我的行动）

延伸阅读

一位母亲致小升初儿子的一封信

亲爱的儿子：

时间过得真快，从你呱呱坠地到现在，转眼间你已经步入初中了。每天看你慢慢长大、长高，听你哭、听你笑，看你个子慢慢超过妈妈，我心里又惊喜又感动。你永远都是爸爸妈妈心中的宝贝，为此，我们相信你是上苍赐给我们最珍贵的礼物。

爸爸妈妈都是普通人，我们也和其他家长一样，期望自己的孩子成龙成凤，当然，做一个普通人也没什么不好。但是在你的成长过程中，你渐渐会遇到比你优秀的人，你会发现自己的缺点，这可能令你沮丧甚至自卑，但你一定要正视它，不要逃避，永远跟自己比，跟别人学，每天进步一点点，体验成长的快乐，感受积极的力量。因为最有意义的挑战是战胜自己而不是征服别人。

你是一个聪明的孩子，坚信自己能够有所成就。相信越努力，越优秀。进入中学，爸爸妈妈希望你一定要努力学习、勇于承担、帮助别人，勇敢自信，不要轻言放弃，养成良好的学习习惯和生活习惯。中学阶段是人生的黄金时期，学习成绩优秀固然重要，但我们更希望你做个自尊、自爱、豁达明理、心智健康的人。

儿子，希望你脚踏实地地走向明天，也愿你在爸爸妈妈期许的目光注视下，越来越出色。你永远是爸爸妈妈的骄傲！

加油！儿子！

爱你的妈妈

初中与小学的差别

初中阶段，是从幼稚的童年向青少年转变与个性逐渐形成的时期。它是人生中的重要转折点，它将完成一个学生质的飞跃。这是人生必经的一道坎。从小学升入初中，无论是课程设置、学习内容、学习方法，还是人际关系、身心发育都会面临许多新的课题。不少初一新生由于对新学段缺乏认识或认识不足，未能根据初中生活的新特点进行调整，结果上初中后手足无措，出现种种不适应，严重影响了学习质量和健康成长。

因而，我们要充分了解初中与小学到底有哪些区别。

初中与小学相比：科目多、内容多、作业多，难度大、要求高。主要体现在以下几个方面。

一、学习方面

1. 科目多，内容多

中学是人生知识基础的奠定时期，而初中又是整个中学的奠基阶段。在课堂上，初中生比小学生学习的门类要多，每一门学科的内容逐渐趋于专业化，并接近科学体系。面临学科的常识性知识越来越少，反映客观事物的规律性与知识的严密性、逻辑性越来越强。

2. 学习方法发生了变化

初中阶段，老师不再像对小学生那样，手把手地指导，中学老师讲授不如小学老师那么仔细，学习上要面对很多新的挑战，并且随着学科的多样化、深刻化，要求初一新生从小学的依靠老师，逐步朝着独立方向发展，因此，培养自主学习能力，养成良好的学习习惯十分重要。具体表现在：不死记结论、公式，要重点掌握其推导过程；不满足于会解题，要深究为什么这样解；不孤立地学知识，要将各知识点揉成一个整体；形象思维到抽象思维的转变，从识记到探究的转变；不局限于课本，还要拓展到课外。另外，还要合理分配各科的学习时间，有计划、有重点地学习。

3. 学习时间与分数上的变化

升入初中后，学习科目增多，首先需要合理分配各科学习时间，有计划，有重点。最关键的一点是：晚上一定要安排时间学习，除了要完成家庭作业外，还要抽时间做好预习或复习等，并且要坚持不懈，养成良好的学习习惯。其次是分数的区别。小学考试的分数和初中考试的分数，是不可能等同而论的，分数不能作为衡量我们发展的唯一指标，也不能以分数论英雄。我们应更多关注自身的发展，关注我们成长的经历。

二、生理与心理方面

中学是整个人生历程的关键时期。有的专家形象地将这个时期比喻为人的第二次诞生。这个阶段学生的生理、心理发展变化急剧而迅猛，这一时期处于人生成长的转折关头，应给予足够重视。

1. 生理特点

初中生正处于少年期和青年前期（或称青春初期）。这一时期，我们身体的骨骼肌肉等发育极快，逐步趋于成熟，体格趋于定型。身体各种器官机能迅速增加，趋向成熟。性器官发育逐步加快，第二性征出现，男女差异明显，性心理变化激烈，这标志着个体发育的全面完成。

2. 心理特点

（1）自我意识在这一时期出现质的变化。青春期的孩子对于"自我"的体验和感受前所未有的清醒。他们对自己产生了强烈的兴趣，热衷于思考自己的优点、缺点……显得十分"自恋"，同时又经常夸大自己的缺陷，会因为自己的不"完美"而沮丧。

（2）独立性增强。进入青春期，总是希望得到他人的承认和尊重，希望摆脱成人的约束，渴望独立。

（3）感情变化非常显著，开始关注同龄人之间的交往。感情的多变是与感情的深化共同发生，在这一时期已经开始产生和感受到许多细腻复杂的感情。任何一个人的青春期都不可能脱离同龄人的影响，总是将彼此之间的交往与认可看得极为重要。

（4）与成人世界的关系开始变化。青春期的我们不愿意再像小孩子一样"服从"家长和老师，我们希望获得像"大人"一样的权利，因此经常固执地与父母顶撞。

（5）性意识的萌动与性别角色的深化。无论男孩还是女孩，都非常关心自己性别角色的完美程度、被他人接受和欣赏的程度：够不够帅、是不是漂亮、能不能引人注意等，也都渴望了解异性，希望得到来自异性的友谊。

如何快速适应初中的新环境

小学升入初中，是学生成长道路上一个重要的转折点。无论是生理上还是心理上都还不够成熟，面对新的学校、新的老师、新的同学、新的功课以及新的学习方法和要求等，在充满兴奋、好奇的同时，也不同程度地存在迷茫惶惑的心理倾向。那我们应当如何尽快适应初中的新环境呢？

1. 了解中学特点，培养自主能力

从小学到初中是学生生理、心理、学习上的一次转折。

首先，中学课程难度加大，不能适应各科教师的不同教法；其次，中学改变了小学反复强调、机械记忆的学习方式，取而代之的是能力培养，锤炼理解、分析、概括、归纳的能力；最后，小学时间较中学充足，多靠老师的软磨硬泡，而到中学自己则难以梳理诸多知识。

这时我们从依恋老师逐步朝着独立方向发展，应努力培养自理能力。如在教室的布置和卫生打扫等方面要发挥主动作用，在各项活动中要发挥自己的特长，多出主意、想办法，提高自理能力，增强对新生活的信心。

2. 制订学习计划，合理利用时间

有计划地学习是获得成功的重要条件，课堂学习是有限的，而知识是无限的，应该合理分配和充分利用可供自己支配的时间，聚沙成塔。那些几分钟、十几分钟的零碎时间也不应放过，可以背一首古诗或几个单词，积少成多，持之以恒。在制订计划时，应从学习实际出发，既要知道自己将要掌握的知识和能力是什么，又要知道自己可以利用的学习时间有哪些，更重要的是要符合各自的实际情况，目标不能过高或过低，过高则不能坚持下去，导致半途而废，过低则松松散散。制订一个详细的学习计划，不仅有利于提高学习效率，还可以提高自主学习能力和自我管理能力。

3. 优化学习风格，养成良好的学习习惯

学习风格是指学习者在长期的学习活动中表现出的一种具有鲜明个性的学习方式和学习倾向。不同的学生有不同的性格特点和兴趣爱好，有各自不同的学习方式和习惯，这种差异就是学习风格的差异。有人习惯于听觉学习，有人习惯于动手实验，有人习惯于被动学习。

著名教育家叶圣陶说过："心里知道该怎样，未必就能养成好习惯，必须去做，才可以养成好习惯。"习惯是把双刃剑，好习惯会终身受益。对于学习风格产生影响的要素，除生理和社会方面外，主要来自心理因素，即每个人都有自己独特的学习风格，因此应了解自己的学习风格，扬长避短，平衡发展自己的学习方式。并在此基础上，优化自己独特的学习风格，养成良好的学习习惯，这对于提高学习成绩和效率具有非常重要的作用。

4. 建立新的学习方式，把握学习主动权

中学阶段的知识量不断增大，而思维方式也发生了变化，随着所学知识的日益丰富和科学技术日新月异的发展，课堂教学受到多方面的制约，老师已不可能事无巨细，面面俱到，只能突破重点和难点。

要想培养创新精神和自主学习能力，只能变被动式的接受性学习为主动式的探究学习、合作学习和网上学习等新的学习方式。随着学习环境的改变，学习方式需要做出相应的调整和改变。因此就需要积极调整学习方法，而且要有意识地提高自己的学习能力。比如，锻炼自己在理解的基础上进行记忆，主动去思考，不要总依赖老师，掌握学习的主动权。

5. 学会处理与同班同学的人际关系

初一新生，除了要适应新的学习环境、新的学习内容外，还有一个重要的任务就是适应新的人际关系，主动与同学交往，积极参与班级的集体活动。不仅可以增加与新同学之间交流、了解的机会，还可以锻炼自己处事应变的能力，以尽快适应中学的生活与学习环境。学会理解和尊重他人，从同学和老师那里虚心学习，多和父母交流，在学习和生活中争取最大的理解和支持。

第二章　生涯与生命价值

践行生涯，敬畏生命。

——题记

生命与生涯的区别：生命是本体，生涯是本体去执行事情的过程。生涯可有可无，而生命只有一次。生涯是生命的一个过程。

第1节　生命的意义

生涯困惑

案例一：2019年4月17日，上海卢浦大桥上，一名男孩突然跑下车后迅速跳桥，紧跟着的女子因没能抓住他跪地痛哭……相关视频上传网络后，引起广泛关注，并让很多人唏嘘不已。

案例二：江苏省某小学的一名9岁小男孩因撞坏学校玻璃，害怕处罚，留下一封遗书，从17楼跳下身亡，遗书写道："奶奶，我前天把学校的玻璃撞碎了，我知道要被惩罚，所以我跳楼了……"

人生不售回程票，一旦动身，绝不能复返。人的生命仅有一次，亲爱的同学们，请告诉我：人的生命一旦失去，还会回来吗？

根据以上两个案例分组讨论并分享。

（1）请大家谈谈以上案例中的主人公对待生命的态度，学会换位思考，谈谈其背后的影响有哪些？

（2）如果是我，在遇到类似的问题时，会如何处理与调整自己的心理状态呢？谈一谈你的处理办法。

点评： 生命是独特的，生命是宝贵的，生命是一个奇迹。人在生命的旅途中，会遇到各种困难与挫折，但是无论处于何种困难的境地，我们都要勇敢去面对，学会爱惜自己，爱惜生命，对自己负责。

每个人的出生都是万里挑一的，每个人的诞生都是生命的奇迹，生命只有一次，无法复制，也不可重来，珍爱生命，创造自己的独特价值，是对自己最大的尊重。我们要感恩父母，把我们带到这个世界上来，给予我们生命，让我们感受到阳光和美好的一切。

中学阶段是世界观、人生观形成的重要阶段，对于学生进行热爱生命、热爱生活的教育与引导是至关重要的。只要我们关爱自己、珍惜自己，就一定会战胜困难，活出自信、活出尊严、活出生命的精彩。

生涯密码

对生命意义的理解

生命到底有什么意义？从本质上来说，所谓的意义是人自己赋予的，是自己的人生观、价值观决定的。每个人对这个世界的认知、看法，都是不一样的，所以每个人的人生意义与价值也都是不同的。

（1）生命的意义在于活得充实，而不在于活得长久。

（2）生命的意义是只要你充分利用，它便是长久的。

（3）生命的意义是把每一个黎明看作是你生命的开始，把每一个黄昏看作是你生命的小结。

（4）生命的意义是生当为人杰，死亦为鬼雄。

（5）生命的意义是真实，生命是诚挚的，坟墓并不是终结点。

（6）生命的意义是了解生命、热爱生命。

（7）生命的意义是以行为而不是以时间来衡量生命。

（8）生命的意义是在闪耀中展现绚烂，在平凡中展现真实。

（9）生命的意义是每次回忆时对生活都不感到负疚。

生命是无尽的享受，永远的快乐，强烈的陶醉。

——法罗丹

生命在闪光中显出灿烂，在平凡中显出真实。

——柏克

人生有两出悲剧：一出是万念俱灰；另一出是踌躇满志。

——萧伯纳

人生就像弈棋，一步失误，全盘皆输。

——弗洛伊德

尊重生命，完全尊重生命。

——杜伽尔

生命如流水，只有在她急流与奔向前去的时候，才美丽，才有意义。

——张闻天

生涯故事

励志人生——天生没有手脚，却能创造生命的奇迹

尼克·胡哲，1982年12月4日出生于澳大利亚墨尔本。他是家中的长子，出生时，没有双臂，也没有双腿，唯一有的，是在臀部下面长出的两个脚趾头。父亲看了，满脸忧愁；母亲见了，伤感不已。直到出生半年后，父母才肯抱他，与他玩耍。

他喜欢游泳，父亲就把他放入游泳池，他开始在水上学漂浮，后来竟学会了游泳；他想学电脑，父亲就教他打字，后来他打字的速度可以达到每分钟43个音节；他也可以利用特殊的装置，自己刷牙、梳头、洗脸、做饭，他喜欢连跑带跳地爬楼梯，喜欢潜水、冲浪，喜欢高台跳水、开水上摩托艇。在夏威夷冲浪时，他可以在冲浪板上完成360度旋转，他因此登上了《冲浪》杂志的封面。他喜欢踢足球，还喜欢打高尔夫球，他喜欢各种各样的运动。

尼克·胡哲给自己定下的人生目标是以帮助他人为己任。自己身体残疾，还想帮助他人，这不是痴人说梦吗？他不理会别人说什么，他开始广交朋友。上中学时，他参加学校竞选，当上学生会主席。这一年，他开始演讲，并想当一名真正的演讲家。为了有一天能到中国演讲，他还学过一年多中文。后来，通过努力，他考上了大学，并获得会计与财务规划双学士学位。毕业后，他开始投资房地产，成为一家高科技公司的总裁。2018年至今，他担任了国际公益组织"没有四肢的生命"总裁及首席执行官。2020年，他出版励志DVD《神采飞扬》和自传式励志书籍。他觉得没手没脚，也许是上天的安排。

尼克·胡哲的座右铭是：态度决定高度。因此，他获得了成功。比如，学游泳，无论海浪多大，只要屏住呼吸，就能浮出水面。生活中遇到困难，他都要找到解决问题的最佳办法。尼克·胡哲说："不停地尝试，就能走向成功；相信你自己，就能做得到；只要有梦想，你就有希望。"

由于尼克·胡哲的勇敢和坚忍，他曾被授予"澳大利亚年轻公民"称号。这是一项很高的荣誉，这份荣誉，国家仅授予真正可以激励人们的人。他在亚洲、非洲和美洲的20多个国家进行演讲，他的奋斗事迹鼓舞了千百万人，他赢得了全世界的尊重，成为真正的鼓舞人心的演说家。

看完这个故事，请思考以下问题：

（1）你从尼克胡哲对待生命的态度中感受到了什么？

（2）我们应当如何面对生命中的挫折与困难？

生涯名词

生命教育

生命教育是使人认知生命、欣赏生命、爱护生命，进而探究生命的意义，实现生命价值的教育过程。简单来讲，生命教育可以从两方面理解：在积极意义上，珍惜自己的生命，尊重他人的生命，关爱动物的生命，并与他人、自然界建立和谐的关系；在消极意义上，对自己的身体自我毁伤，做危及他人性命的事，残害动物等。近年来，我们身边有许多人漠视生命、伤害生命，直接影响青少年对待生命的态度与行为。生命意识包括以下几点。

生命认知：一个人（个体）的诞生，即生命形式开始生成并依赖一定的物质和环境条件展开正常的生长、演化、繁衍和演绎，从而能够有效地适应其生存环境，达到活着的目的。生命是从稚嫩、充盈、成熟、衰竭直至死亡的过程。生命是独一无二的。我们要接受生命多样性的存在，与其他生命和谐共生，并得到尊重与欣赏。

生命情感：它是我们各种情绪的自然表达，代表我们对生命的感受与理解、态度与体验，对生命存在一种敬畏感，并学会尊重与关怀每一个生命个体。

生命意志：指支配人的一切行为的非理性的、盲目的生命冲动力。在面临现实与理想的冲突时，强大的生命意志是可以帮助我们清醒克服挫折与磨难，发现生命的真正意义与价值。

生命意义：是人对生存的目的和生命价值的解释，人活着的意义。人生的意义与获得尊重与认可，在精神上给予人活下来的勇气、超越心灵的寄托，鼓舞人们完成生存的使命。

生命责任：生命的意义不仅在于"活着"更在于付出。在这个世界上，每一个人都扮演着不同的角色，每一种角色又都承担着不同的责任，我们要自觉担负起生命的责任，在面对各种困难时，要保持冷静，在绝望时懂得不放弃。

我们要懂得一个人活着不仅是为了自己，还是为了家人及所有关爱你的亲人与朋友。所以我们要爱自己，只有真正爱自己的人，才会真正懂得爱别人。

死亡意识：指的是人作为生命的主体对死亡的认识和体验。这是每一个生命个体都存在的普遍意识，它对于每个人都是平等的。死亡是每个生命必经的结果，客观认识死亡，理解生命的整体性与局限性，让我们能正确地理解与看待生命。

第2节　为什么要珍爱生命

敬畏生命，是因为生命的独特和珍贵。因为生命是可爱的、可敬的、宝贵的，每一个生命的诞生都来之不易，每个人的生命只有一次，一旦失去就无法复得。

我们如何敬畏生命、珍爱生命呢？我们要进行生命教育，而且越早越好。

多与大自然密切接触，是进行生命教育的好途径。大自然中的一草一木、红花绿柳，叶枯叶荣，都是进行生命教育的好资源。在与大自然的深度相处中，我们能观察到生物如何萌生、如何生长，有怎样的生命周期……从而在这个过程中感知存在于万物之间相似的自然规律，而对自然生命的感知最终也会延伸到人的身上。

随着我们对自然规律的关注，我们要逐渐从生命教育过渡到死亡教育。"死亡"是什么意思？其实，我们要了解的是每个生命都有周期，生死存亡是自然规律。

进行生命教育，既需要理解"生命"的意义，也需要理解"死亡"的含义——安静、静止了，没有生机、没有活力、永远死气沉沉的意思；而"亡"字的繁体字是这样写的"亾"：一个人藏在一个竖折里，其实就是藏起来被忘记的意思。中国文化中的"万古流芳""名垂青史"等词语,就是希望逝者不被世人忘记。所以,如果一个人在世时一心向善,对家庭、朋友及社会做了很多有价值的事情,那么他就会被人们怀念。

通过生命教育,我们可以认识到生命的偶然与短暂性。在人生的旅程中,我们发现,每一个逝去的生命曾经都像今天的我们一样鲜活地存在过,可是现在都长眠地下了,而我们还有时间。死亡教育会提示我们要过好每一分钟、每一天,让每一天都有价值意义和幸福感,从而更加热爱生命、热爱生活,活出自己的生命价值。

生涯体验

如果我们的生命只剩下3天,回答以下几个问题:

(1)你打算在生命最后的3天,为父母、老师和同学们做些什么事?为什么?

(2)感受一下最后3天,你对过去生命中那些挫折、不开心的事情或苦难的态度有什么改变?

(3)如果有机会,让你重新开始自己的人生,你会对你的人生做哪些改变?为什么?

1. 珍爱生命,呵护生命

如何珍爱生命,呵护生命,增强生命的韧性?一起来开动脑筋,做几张特殊的小卡片吧!

★ **身体健康秘诀卡**

主题：养成良好的生活习惯，保持身体健康行动。

（1）_____

（2）_____

（3）_____

★ **心理积极秘诀卡**

主题：关注精神需求，增强生命韧性。

（1）面对困难：_____

（2）面对自己的不足：_____

（3）无能为力时：_____

（4）亲人去世：_____

★ **生命誓言**

亲爱的同学们：

在生命的每一天，珍爱自己的生命。无论发生何种困难，都不放弃生的希望。在短暂的人生路上，保持乐观的态度，去奋斗！去拼搏！努力创造人生的辉煌，享受人生的幸福！

★ **生命承诺卡**

主题：尊重生命，珍爱生命。

我承诺：

养成良好的生活、学习习惯，保持身体健康。

保持理性、积极、平和的心态，维护心理健康。

任何时候都不轻易放弃自己的生命！

承诺人：

2. 补充书籍和故事

《怀胎九月》

《叫我第一名》

《生命点滴》

《生命里最后一个月的新娘》

《我们俩》

《入殓师》

它们将启迪你，认知生命的长度与宽度，一起见证生命的神圣与伟大！

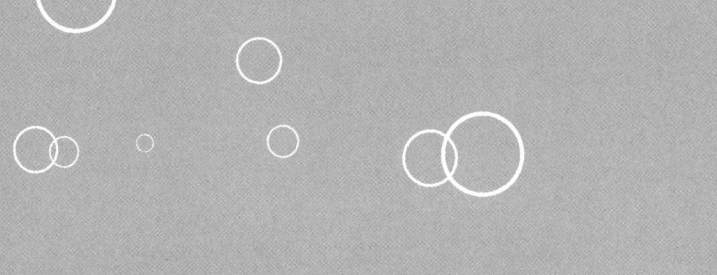

第二篇　自我探索

　　自我探索是指分析自己的兴趣、性格、能力、价值观并进行自我总结，通过自我探索，可以帮助我们更充分地了解自己，全面地认识自己，了解自己最看重的是什么，自己最喜欢的是什么，自己最擅长的又是什么，进而清晰地确定自己喜欢又适合自己的专业与职业发展目标和方向，对未来的发展做出正确的选择。

　　"我是谁"是自我探索的一项重要实践，它可以帮助我们更清醒地面对一切变动和未来，而不受自己的情绪、欲望、价值观和信念的影响，从容面对自己，找到开启职业发展与人生的探索之门。

第一章　发现自我：我是独一无二的

世界上没有两片相同的树叶，每个人都是独一无二的！

——戈特弗里德·威廉·莱布尼茨

第1节　我是一个怎样的人

古语云："知己知彼，百战不殆！"在生命的旅程中，我们了解世界容易，了解自己很难，"知己"就是要了解自己的性格、兴趣、特长与天赋（潜能）及价值观，"我到底是一个怎样的人""我与他人有什么不同""我的优势在哪儿""我可以做什么"，等等，这些都是生涯探索的主要内容。著名心理学家埃里克森在人生发展八段论中谈到，青春期12～18岁是属于自我同一性与角色冲突时期，在这一时期，青少年更多关注的是自己在他人眼中的形象："我究竟是一个怎样的人。"他们会在角色中出现混乱，因而导致在生活、学习中的自我怀疑、迷茫的状态。因此，在对自我的探索中，"知己"是人在生涯探索中最主要的环节。

生涯困惑

小英是初中二年级的学生，上初二后，她发现班里的同学们是三个一群两个一伙的，而自己跟谁都不是很知心，似乎哪个群体都不能真心融入。有时候她怕一个人尴尬，勉强学着讨好别人，还装作跟某个小群体在一起，甚至为了找个伴而出现"早恋"的倾向,被同学当作"坏女生"。老师和家长对她的表现不理解,小英为此也感到很苦恼。

点评:每个人都是生而不同的,人的性格是千差万别的。人的复杂性则更多地表现在性格上,正是不同性格的人构成了这个丰富多彩的世界。初中阶段是青春期向成人期过渡的关键阶段,在这个阶段,随着青少年生理与心理的变化,他们逐渐有了自己的主见、想法及很强的独立意识,在行为与思维模式及生活的思考层面上也会随着社会环境发生微妙的改变。

初中生不合群的原因有很多,与成长环境有关,家庭的教育方式对孩子的性格塑造也有着重要的影响。我们对自己的性格特征有了深入的了解后,就会更加清楚适合自己的沟通方式、学习方式和工作方式,才能找到更加适合自己,让自己发挥价值的方式。

在成长历程中,每个人受到生理、遗传、家庭教养、文化、学习经验等因素的交互作用而形成自己独特的个性,无论生活状况如何,无论人际关系与职业发展如何,也无论你肩负怎样的责任,理解性格类型都将使你的认知更加清晰,使你的判断更加准确,进而选择更适合自己的生涯路径,实现自己的梦想。

生涯测试

性格色彩测试

在下面的每道题中,选择一个最符合你真实情况的选项。

(1)关于人生观,我的内心其实是(　　)。

A. 希望能够有尽量多的人生体验,所以会有非常多样化的想法

B. 在小心合理的基础上,谨慎地确立目标,一旦确立会坚定不移地去做

C. 更加注重取得一切有可能的成就

D. 宁愿剔除风险而享受平静或现状

（2）爬山时，在选择下山回来的路线上，我更在乎（　　）。

A. 好玩有趣，所以宁愿选择新路线

B. 安全稳妥，所以宁愿选择原路线

C. 挑战困难，所以宁愿选择新路线

D. 方便省心，所以宁愿选择原路线

（3）在表达一件事情上，通常我更看重（　　）。

A. 对方的感受

B. 表述的准确程度

C. 所能达到的最终目标

D. 周围人的感受是否舒服

（4）在生命过程中的大多数时候，我的内心其实更加欣喜于和希望多些（　　）。

A. 刺激　　B. 安全　　C. 挑战　　D. 稳定

（5）我认为自己在情感上的基本特点是（　　）。

A. 情绪多变，经常情绪波动

B. 外表上自我抑制能力强，但内心感情起伏极大，一旦挫伤难以平复

C. 感情不拖泥带水，较为直接，只是一旦不稳定，容易激动和发怒

D. 天生情绪四平八稳

（6）我认为自己在整个人生中，除了学习、生活及工作外，在控制欲上面，我（　　）。

A. 没有控制欲，只有感染带动他人的欲望，但自控能力不算强

B. 用规则来保持我对自己的控制和对他人的要求

C. 内心有控制欲，也希望别人服从我

D. 没兴趣去影响别人，也不愿意别人来管控我

（7）当与朋友交往时，我倾向于看重（　　）。

A. 兴趣上的相容性，一起做喜欢的事情，对他的爱意溢于言表

B. 思想上的相容性，体贴入微，对他的需求很敏感

C. 智慧上的相容性，沟通重要的想法，客观地讨论事情

D. 和谐上的相容性，包容理解他人的不同观点

（8）在人际交往时，我会（　　）

A. 心态开放，可以快速建立友谊和人际关系

B. 非常审慎、缓慢地进入，一旦认为是朋友，便长久地维持

C. 希望在人际关系中占据主导地位

D. 顺其自然，不温不火，相对被动

（9）我认为自己大多数时候是（　　）。

A. 感情丰富的人　　　　　　B. 思路清晰的人

C. 办事麻利的人　　　　　　D. 心态平和的人

（10）通常我完成任务的方式是（　　）。

A. 经常会赶在最后期限前完成

B. 自己做，不麻烦别人

C. 先做，快速做

D. 使用传统的方法，需要时从他人处得到帮助

（11）如果有人惹恼了我，我会（　　）。

A. 内心感到受伤，认为没有原谅的可能，但最终很多时候还是会原谅对方

B. 感到愤怒，以后完全避开那个家伙

C. 火冒三丈，并且内心期望有机会狠狠地回击

D. 避免冲突，自己去找新的朋友

（12）在人际关系中，我最在意的是（　　）。

A. 得到他人的赞美和欢迎　　　B. 得到他人的理解和欣赏

C. 得到他人的感激和尊敬　　　D. 得到他人的尊重和接纳

（13）在工作上，我表现得（　　）。

A. 充满热忱，有很多想法且很有灵性

B. 心思细腻，完美精确，而且为人可靠

C. 坚强而直截了当，且有推动力

D. 有耐心，适应性强且善于协调

（14）我过往的老师对我的评价是（　　）。

A. 情绪起伏大，善于表达和抒发情感

B. 严格保护自己的隐私，有时会显得孤独或不合群

C. 动作敏捷又独立，并且喜欢自己做事情

D. 看起来安稳轻松，反应度偏低，比较温和

（15）朋友对我的评价最有可能是（　　）。

A. 喜欢对朋友述说事情，也有能量说服别人去做事

B. 能够提出很多周全的问题，而且需要许多精细的解说

C. 愿意直言表达想法，有时会直率而犀利地谈论不喜欢的人、事、物

D. 与他人在一起时通常是多听少说

（16）在帮助他人的问题上，我倾向于（　　）。

A. 多一事不如少一事，但若他来找我，那我定会帮他

B. 值得帮助的人应该帮助，雪中送炭胜于锦上添花

C. 无关者何必要帮，但我若承诺，必欲完之而后释然

D. 虽无英雄打虎之胆，却有自告奋勇之心

（17）面对他人对自己的赞美，我的本能反应是（　　）。

A. 没有也无所谓，特别欣喜也不至于

B. 我不需要那些无关痛痒的赞美，宁可他们欣赏我的能力

C. 有点怀疑对方是否认真或者立即回避众人的关注

D. 赞美总是一件令人心情愉悦的事

（18）面对生活的现状，我的行为习惯更加倾向于（　　）。

A. 外面怎么变化与我无关，我觉得自己这样还不错

B. 如果我没进步，别人就会进步，所以我需要不停地前进

C. 在所有的问题未发生之前，就应该尽量想好所有的可能性

D. 每天的生活开心快乐最重要

（19）对于规则，我的态度是（　　）。

A. 不愿违反规则，但可能因为松散而无法达到规则的要求

B. 打破规则，希望由自己来制订规则而不是遵守规则

C. 严格遵守规则，并且竭尽全力做到规则内的最好

D. 不喜欢被规则束缚，不按规则出牌会觉得新鲜有趣

（20）我认为自己在行为上的基本特点是（　　）。

A. 慢条斯理，办事按部就班，能与周围的人协调一致

B. 目标明确，集中精力为实现目标而努力，善于抓住核心要点

C. 慎重小心，为做好预防及善后，会不惜一切尽心操劳

D. 丰富跃动，不喜欢制度和约束，倾向于快速反应

（21）在面对压力时，我比较倾向于（　　）。

A. 眼不见为净地化解压力

B. 压力越大，抵抗力越大

C. 和别人讲也不一定有用，压力在自己的内心慢慢地舒缓

D. 本能地回避压力，回避不掉就用各种方法宣泄出去

（22）当结束一段刻骨铭心的感情时，我会（　　）。

A. 非常难受，可是日子总要过的，时间会冲淡一切

B. 虽然觉得受伤，但一旦下定决心，就会努力把过去的影子甩掉

C. 深陷在悲伤的情绪中，在相当长的时间里难以自拔，也不愿再接受新的人

D. 痛不欲生，需要找朋友倾诉或者找渠道发泄，寻求化解之道

（23）面对他人的倾诉，我自己更倾向于（　　）。

A. 认同并理解对方感受

B. 做出一些定论或判断

C. 给予一些分析或推理

D. 发表一些评论或意见

（24）我在以下哪个群体中较容易满足？（　　）

A. 能心平气和最终大家达成一致结论的

B. 能彼此展开充分激烈讨论的

C. 能详细讨论事情的好坏和影响的

D. 能随意无拘束地自由漫谈，同时又很开心的

（25）我觉得，工作（　　）。

A. 如果不必有压力，让我做我熟悉的工作就不错

B. 应该以最快的速度完成，且争取去完成更多的任务

C. 要么不做，要做就做到最好

D. 如果能将乐趣融合在里面那就太棒了，如果是不喜欢的工作，实在没劲

（26）如果我是班长，我更希望在大家心目中是（　　）。

A. 可以亲近的和善于为他人着想的

B. 有很强的能力和富有领导力的

C. 公平公正且值得信赖的

D. 被他们喜欢并且觉得富有感召力的

（27）我希望得到的认同方式是（　　）。

A. 无所谓别人是否认同

B. 精英群体的认同最重要

C. 只要我认同的人或者我在乎的人认同就可以了

D. 希望得到所有人的认同

（28）当我还是个孩子的时候，我（　　）。

A. 不太会积极尝试新事物，通常比较喜欢旧有的和熟悉的

B. 是孩子王，大家经常听我的决定

C. 害羞见生人，有意识地回避

D. 调皮可爱，在大部分的情况下是乐观而又热心的

（29）如果我是父母，我也许是（　　）。

A. 不愿干涉子女或者容易被说动的

B. 严厉的或者直接给予方向性指点的

C. 用行动代替语言来表示关爱或者高要求的

D. 愿意陪伴孩子一起玩的，受孩子的朋友们所喜欢和欢迎的

（30）以下有四组格言，哪组里的描述符合你的感觉？（　　）

A. 最深刻的真理是最简单和最平凡的；要在人世间取得成功，必须大智若愚；好脾气是一个人在社交中所能穿着的最佳服饰；知足是人生在世最大的幸福

B. 走自己的路，让别人说去吧；虽然世界充满了苦难，但苦难总是能战胜的；有所成就是人生唯一和真正的乐趣；对我而言，解决一个问题和享受一段假期一样好

C. 一个不注意小事情的人，永远不会成就大事业；理性是灵魂中最高贵的因素；切忌浮夸铺张。与其说得过分，不如说得不全；谨慎比大胆要有力量得多

D. 与其在死的时候握着一大把钱，还不如活得丰富多彩；任何时候都要最真实地对待自己，这比什么都重要；使生活变成幻想，再把幻想化为现实；幸福不在于拥有金钱，而在于获得成就时的喜悦以及产生创造力的激情

计分方法：

（1）计算前1～15题：

A 的总数（　　）B 的总数（　　）C 的总数（　　）D 的总数（　　），每个数代表 1 分，共计 15 分。

（2）计算后 16～30 题：

A 的总数（　　）B 的总数（　　）C 的总数（　　）D 的总数（　　），每个数代表 1 分，共计 15 分。

（3）把两部分的数目相加：

红色：前 A + 后 D 的总数（　　）

蓝色：前 B + 后 C 的总数（　　）

黄色：前 C + 后 B 的总数（　　）

绿色：前 D + 后 A 的总数（　　）

最终得出你的性格色彩结果，例如：红色：15　蓝色：3　黄色：8　绿色：4。

数字最大的那个所对应的颜色即是你的核心性格色彩，也是你天性中最重要的动机性格。如有另外一个颜色得分与最高分相差不大，则可能你是复合色彩性格，但相对比较偏向于最高分的色彩；也有可能你性格中后天受到影响的比重较大，你需要区分哪个是你的天性，哪个是后天影响造成的。

性格解析：

红色——行动者。

优点：阳光心态、积极快乐；激情澎湃、梦想万岁；热情开朗、喜欢交友；乐于助人、不记仇苦；善于表达、调动气氛；乐在变化、创新意识。

弱点：会被人认为是主观的、鲁莽的、易冲动的。

蓝色——思想者。

优点：思想深刻、独立思考；成熟稳重、安全放心；一诺千金、忠诚情谊；计划周详、注意规则；讲究精确、迷恋细节；执着有恒、坚持到底。

弱点：会被认为是有距离的、挑剔的、严肃的。

黄色——领导者。

优点：目标导向、永无止境；斗天斗地、敢说敢爱；坚定自信、永不言败；坦率直接、敢冒风险；快速决断、实用主义；抓大放小、高效行动。

弱点：常常表现冷漠，以产出和目标为导向，更关心最后的结果，会被认为是固执、缺乏耐心、强硬和专横的。

绿色——和平者。

优点：中庸之道、稳定低调；乐天知命、与世无争；镇定自若、处事不惊；天性宽容、耐心柔和；笑遍天下、冷面幽默；先人后己、以人为本。

弱点：会被人认为过于温和，心肠太软，老好人。

生涯名词

性格

性格也被称为本性、秉性。性格是人对现实的稳定态度（不因对象和环境的变化而变化）和习惯化行为方式（最自然、最本能的条件反射）的总和，表现为个体独特的心理特征。性格在人格中处于核心地位，决定着个人的活动方向，是个人区别于他人的最主要性格。

性格不同于气质，后天的生活习惯、思维方式、家庭教养方式等也是决定性格的重要因素。

了解性格的重要性

性格影响人的一生。英国哲学家培根有句名言："性格左右命运。"一个具有良好性格的人能顺利地踏上成功之路。性格是一个复合体，它决定人一生的成败，良好的性格能使一个人拨开人生道路上的重重迷雾，高高扬起命运的风帆，最终驶向成功的彼岸。

1.性格是思维习惯、语言习惯与行为习惯的总和

性格，性是习性，格是格式，也就是模式，性格就是习性的模式，是模式

化的相对稳定的习性。习性，就是各类习惯的总和。我们常说某个人的性格如何，说的是这个人的思维习惯、语言习惯与行为习惯。

2. 性格影响学习方法的选择

心理学上说，性格的一部分是后天形成的，对一个人的成长会有很大的影响。当然这包括了学习。因为不同的性格会有不同的行为方式，也会选择不同的学习方式。智商是决定成绩的一个重要因素，但却不是唯一因素。一个人的学习好坏与太多因素有关，例如智商、学习环境、老师的水平、家庭环境和教育、自身的努力甚至运气等。而其中有一个比较关键的因素就是一个学生的学习方式和习惯。

3. 性格影响人际交往

如果你的性格比较开朗，那么在人与人的交往中也是占有优势的。但是如果个人性格比较偏于内向，那么就不善于与人沟通，人际关系往往会显得比较淡。从性格的外向性上来讲，外向型的人一般来说性格开朗，不拘小节，爱交朋友，喜欢与人沟通，无论是工作还是生活，都喜欢跟朋友一起参与，社交能力强，朋友的数量相对较多。

4. 性格影响职业选择

职业性格是一个人对职业的稳定态度和在职业活动中习惯化的行为方式所表现出来的个性心理特征，对个人的职业生涯规划有重要意义。由于人们从事的职业具有不同的特点，因而对人的性格特点也会提出不同的要求。一般来说，开朗、活泼、热情、温和的性格，比较适合从事外贸、涉外、文体、教育、服务工作以及其他同人群交往多的职业。多疑、好问、倔强的性格，比较适合从事科研、治学方面的工作；深沉、严谨、认真的性格，比较适合从事人事、行政、党务工作；而勇敢、沉着、果断与坚定是新型企业家和管理者不可缺少的性格。所以，在进行职业生涯规划时，性格通常是重点考虑的因素。

性格与气质

"气质"这一概念与我们平常所说的"禀性""脾气"相似。气质是人生来就具有的心理活动的动力特征。在学习生活中，气质表现为感受到情绪或强或弱、表达情绪或压抑情绪、做事动作灵敏或迟钝。气质是人的天性，没有好坏之分。

所谓心理活动的动力特征，是指心理过程的强度（例如，情绪体验的强度、意志努力的强度），心理过程的速度和稳定性（例如，知觉的速度、思维的灵活程度、注意力集中时间的长短），心理活动的指向性特点（有的人倾向于外部事物，从外界获得新印象；有的人倾向于内心世界，经常顾及自己的情绪，分析自己的思想和印象）等方面在行为上的表现。

性格与气质都是描述个人典型行为的概念。这两个概念既有区别，又有联系。

性格与气质的区别主要表现在下面三个方面。

第一，从起源上看，气质是先天的，一般产生在个体的早期阶段，主要体现为神经类型的自然表现。性格是后天的，在个体的生命开始时期并没有性格，它是人在活动中与社会环境相互作用的产物，反映人的社会性。

第二，从可塑性上看，气质的变化较慢，可塑性较小；即使可能改变，也不容易。性格的可塑性较大，环境对性格的塑造作用是明显的。

第三，气质所指的典型行为是它的动力特征而与行为内容无关，因而气质无好坏善恶之分。性格主要是指行为的内容，它表现为个体与社会环境的关系，因而性格有好坏善恶之分。

性格与气质又是密切联系、相互制约的，主要表现在下面三个方面。

第一，气质会影响个人性格的形成。因为性格特征直接依赖于教育和社会相互作用的性质和方法。一个人的性格就是在这种不同性质的教育和社会环境的相互作用过程中逐渐形成的。

第二，气质可以按照自己的动力方式，渲染性格特征，从而使性格特征具有独特的色彩。例如，同样是乐于助人的性格特征，多血质者在帮助别人时，往往动作敏捷，情感明显表露于外；而黏液质者可能动作沉着，情感不表露于外。

第三，气质还会影响性格特征形成或改造的速度。例如，要形成自制力，胆汁质的人往往需要做极大的努力和克制；而抑郁质的人则比较容易形成，他不用特别抑制自己就能办到。再从性格对气质的影响上来看，性格也可以在一定程度上掩盖或改变气质，使它服从于生活实践的要求。例如，侦察兵必须具备冷静沉着、机智勇敢等性格特征，在严格军事训练的实践活动中，这些性格特征的形成有可能掩盖或改造着胆汁质者易冲动和不可遏止的气质特征。

四种气质类型的优缺点与适配职业

希波克拉底提出了气质体液说。希波克拉底认为，人体含有四种体液：血液、黏液、黄胆汁、黑胆汁。有机体的状态取决于这四种体液的适当搭配。

这种观点经过不断演化，逐步形成了气质按体液特性划分为多血质、黏液质、胆汁质、抑郁质四种类型的学说（表2-1）。四种气质类型分化的原因是占优势的体液不同。血液占优势的称为多血质，黏液占优势的称为黏液质，黄胆汁占优势的称为胆汁质，黑胆汁占优势的称为抑郁质。

表2-1

气质类型	优点	缺点	适配的职业
胆汁质	有干劲、爆发力强、为人直率、热情、朴实、真诚、表里如一、仗义	自制力差、脾气暴躁、容易冲动、情绪不稳定	适合从事竞争性、冒险性、风险性强、要求反应果断而迅速的工作。如推销员、运动员、勘探工作者、驾驶员、新闻记者等
多血质	性格外向、活泼、好动、思维敏捷、善交际、容易接受新事物、情绪稳定	注意力容易分散、兴趣多变、见异思迁，缺乏忍耐力	适合从事要求迅速、灵活反应的工作。如商务公关、贸易谈判、外交、律师、军人等

续表

气质类型	优点	缺点	适配的职业
黏液质	言谈举止平和、做事有条不紊，踏实有耐心、情绪稳定、善于控制、忍耐	思维灵活性略差、不善言谈，反应缓慢、缺乏创新精神	适合从事稳定细致、持久性的工作。如会计、法官、管理人员、外科医生、图书管理人员、情报翻译员等
抑郁质	感情细腻、做事认真仔细、安静、善于发现别人不易察觉的细小事物	多疑多问、情绪不稳定、不善于与人交往、胆小	适合从事要求精细、敏锐的工作。如哲学家、秘书、理论研究者、雕刻工作者等

生涯体验

客观认识自我——我是一个怎样的人

主题：猜猜他（她）是谁

活动步骤：（1）分小组进行，每个小组写出一个组员的多个积极特征（形容词），可以是外貌、性格特点、处事风格等（例如，她有一双圆圆的眼睛；走起路来像风一样快；他总是爱笑，笑起来有个甜甜的酒窝；他说话声音特别有磁性，声音时而洪亮，时而低吟……）。

（2）在课堂分享时读出来，让大家猜猜他（她）是谁？例如：他，高高的个子，走路如风，在篮球场上，矫健潇洒的他单手扣球……你们知道我说的是谁吗？

总结：每个人的生命都是独一无二的，每个人都有不同的特质；每个人身上都有各自的优点。每个人生命的独特性不仅体现在外貌、性格、兴趣、意志等方面，而且在人生道路上，实现人生价值的方式途径也呈现出多样性。正因为每个人是独一无二的，所以更应该接纳自己的不完美，珍爱自己的生命，发挥自己的优势，展现自己独特的风采。

生涯训练

潜意识的我

活动步骤

（1）闭上眼睛，深呼吸，慢慢平稳地呼吸，感受一呼一吸给你带来的轻松与舒适。你现在来到一个房间，房间里面有一面镜子，你走上前，慢慢看，看清楚里面是什么？看清楚后把它记在心里，睁开眼睛。

（2）拿出一张白纸，将你刚才在镜子里看到的画面画在纸上。在小组中分享，看到了什么，以及看到它的感觉。

世界眼中的我

为什么要去了解自己？如何更客观地了解自己？人虽然在生命中是一个独一无二的个体，但是他离不开赖以生存的社会环境，未来如何与世界相融？这就更需要我们从多维度去全面了解自我，探索自我（表2-2）。

表2-2

我	性格特质中的优势	需要提升的地方
父母眼中的我		
老师眼中的我		
亲戚朋友眼中的我		
同学们眼中的我		
自己眼中的我		
理想中的我		

生涯知识

乔哈里窗

乔哈里窗（Johari Window）是由心理学家鲁夫特与英格汉提出的，展示了关于自我认知、行为举止和他人对自己的认知之间在有意识或无意识前提下形成的差异。乔哈里窗被分为四个区域：开放区、盲点区、隐秘区、未知区，见图2-1。

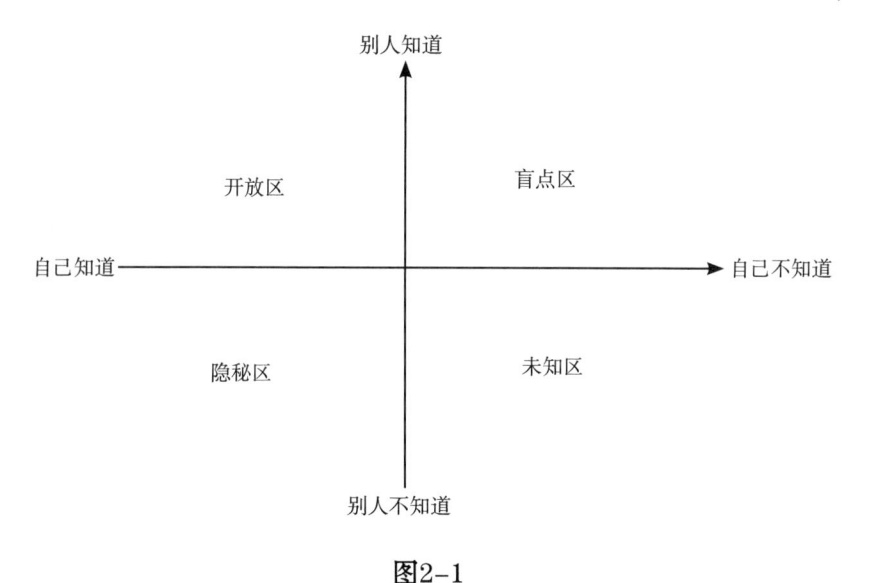

```
                    别人知道
                       ↑
         开放区        │       盲点区
                       │
自己知道 ──────────────┼──────────────→ 自己不知道
                       │
         隐秘区        │       未知区
                       │
                       ↓
                    别人不知道
```

图2-1

（1）开放区的我是指对所有人公开的部分，比如性别、外貌和个人的一些公开内在信息，如特长、爱好、工作范围等。

（2）盲点区的我是指自己不知道而别人知道的部分，比如，一个兴奋或者愤怒的微表情，自己以为控制得很好，却在不经意间表露出来，被别人发现，自己不知道；自己的脚步声别人听得出来，自己却浑然不知；与自我观察、自我反省的能力有关。因此，当他人指出自己的错误缺点时，不要顽固不化，不要对逆耳之言不理睬，不要过早下结论，要学会聆听，学会感恩。

（3）隐秘区的我是指自己知道而别人不知道的区域，自己刻意隐藏不言的区域，充满隐私性。适当地自我隐藏，是正常的心理需要，给自己保留一个私密的空间，避免外界的干扰。

（4）未知区的我是指自己都不知道的部分。通常指潜在能力或者特性，比如，潜意识层面，隐藏在海水下的冰山，力量巨大却容易被忽视。

四个区域综合起来，是一个人成长需要遵循的路径，从中可以认清自己，并改善自己。通过学习到的技能与知识，善于开发这些未知的自己，才能更好地认识自我、激励自我、发展自我、超越自我。

根据以上四个区域，请思考以下问题：

（1）你到底了解自己多少？

（2）有哪些是你不了解的？请说出关键词，进行小组讨论与分享。

第2节 我喜欢什么：我的兴趣

生涯困惑

兴趣是我们做好任何事情的保障，对一件事情保持持久的热情，是我们成功的主要因素之一。请试着回答以下几个问题：

你小时候最喜欢的游戏是什么？

你小时候最喜欢看的书是哪种类型？

你上过哪些兴趣班？选择的依据是什么？最喜欢的兴趣班是什么？

你最喜欢的学科是什么？

如果学校有社团，你最想参加什么社团？

你对什么职业感兴趣？为什么？

……

请问在现实生活中你是否遇到过以上相关的问题，由于不了解自己喜欢与擅长什么，而不知道如何进行客观选择。

生涯测试

兴趣自测

在下面各题中选择最符合你真实情况的选项，可多选。

（1）你的业余爱好是什么？（　　　）

A. 看书　　　　　　　　　　B. 体育运动　　　　　　　　C. 文艺活动

D. 上网或玩游戏　　　　　　E. 看电视

（2）你的爱好是什么时候养成的？（　　　）

A. 从小时候逐渐养成　　　　B. 无聊时才会　　　　　　　C. 其他

（3）你的兴趣爱好是通过何种途径养成的？（　　　）

A. 父母从小培养　　　　　　B. 生活中偶然接触马上喜欢的

C. 受周围人的影响　　　　　D. 学校或平时学习时发现并喜欢上的

E. 受网络、电视等大众媒体的影响　　F. 其他

（4）你担心你的爱好影响学习吗？（　　　）

A. 担心　　　　　　　　　　B. 不担心

C. 根本不冲突　　　　　　　　D. 无所谓

（5）你喜欢或不喜欢体育运动的理由是什么？（　　）

A. 可以锻炼身体　　　　　　　B. 喜欢其中的某种或多种项目

C. 跟别人玩，偶尔参与　　　　D. 太累、枯燥无味，不喜欢

E. 没有运动技能，不会运动　　F. 没有同伴，一个人运动没意思，不想运动

（6）你喜欢哪类体育项目？（　　）

A. 跑步　　　　　　　　　　　B. 球类

C. 游戏　　　　　　　　　　　D. 健身体操类

（7）你进行体育活动的目的是什么？（　　）

A. 锻炼身体　　　　B. 调整身心　　　　C. 消磨时间

D. 增进同学感情　　E. 增长知识　　　　F. 培养能力

（8）你参加体育活动，你选择的途径是什么？（　　）

A. 体育课或课外活动

B. 平时找与自己兴趣爱好相同的人做朋友，学习交流

C. 平时自己玩　　　　D. 参加社团　　　　E. 其他

生涯名词

兴趣

兴趣指兴致，对事物喜好或关切的情绪。它表现为人们对某件事物、某项活动的选择性态度和积极的情绪反应。兴趣在人的实践活动中具有重要的意义，可以使人注意力集中，产生愉快紧张的心理状态。

兴趣是在需要的基础上，在社会实践的过程中形成和发展起来的，它反映人的需要，成为人对事物认识和对知识获取的心理倾向。一个人只有对某种客观事物产生了需要，才有可能对这种事物产生兴趣。

兴趣有时容易与爱好混淆。两者不同之处：

（1）意义不同。爱好是指当人的兴趣不是指向对某种对象的认识，而是指向某种活动时，人的动机便成为人的爱好。兴趣指兴致，对事物喜好或关切的情绪。

（2）指向的对象不同。爱好能使人们工作目标明确，积极主动，从而能自觉克服各种艰难困苦，获取工作的最大成就，并能在活动过程中不断体验成功的愉悦感。兴趣的领域比较广，包括个人兴趣，职业兴趣等，而只是对某项事物有兴趣。

（3）产生的动力不同。爱好与人的积极情感相联系，培养良好的兴趣爱好是推动人努力学习、积极工作的有效途径。兴趣表现为人们对某件事物、某项活动的选择性态度和积极的情绪反应。

喜欢与擅长的区别

喜欢是自己的主观意愿，是一种兴趣，喜欢的并不一定擅长，比如你喜欢唱歌，但是偏偏五音不全，一张嘴就跑调。而擅长是一种天赋能力，很多人也许终其一生都不知道自己擅长什么，也就是所谓的潜力，不但自己不知道，也没有被别人发现。自己不知道可能是因为并不喜欢自己的这种天赋，所以常常忽略了；别人没有发现或许是因为这种天赋并不是大家所认可和重视的。

最好的状态是把喜欢的变成擅长的，而擅长的成了自己喜欢的，二者合而为一。要把二者统一起来可以从两方面着手，一方面是努力寻找自己喜欢的事情或者方向，然后努力去把喜欢的变成擅长的。都说兴趣是最好的老师，当一个人发现了自己真正喜欢的事情，他便会自觉自愿地为之付出时间和精力，甚至心血。那些三天打鱼两天晒网的只是因为那并不是自己真正喜欢的。继续寻找，当你在强大的内驱力的作用下，为之付出足够多的时间和精力，那么你的喜欢就会变成你的擅长，而你擅长的终将会带给你自信心和成就感，你便会更加喜欢，这就形成了一个良性循环。

另一方面是努力发掘自己擅长的，也许你擅长的并不是你喜欢的，但不要着急，只管努力发挥你所擅长的，当某一天你所擅长的能力被发现、被认可，那必将带给你价值感和自信心。而价值感和自信心会帮助你去攻克那些你所喜欢但并不擅长的事情，慢慢地你会发现自己从前不擅长的也可以变得得心应手，而这一切，都是你的天赋能力所带给你的改变，正所谓顺强补弱、以强带弱。

每一个人都有天赋能力，也就是我们所说的"擅长"，找到自己的天赋非常关键。俗话说："方向错误，努力白费。"只要找准了方向，每一个人都可以在自己擅长的领域出彩、发光。

生涯体验

1. 兴趣小组

图2-2，6个兴趣小组，你会加入哪个小组呢？说一说你选择的理由是什么。

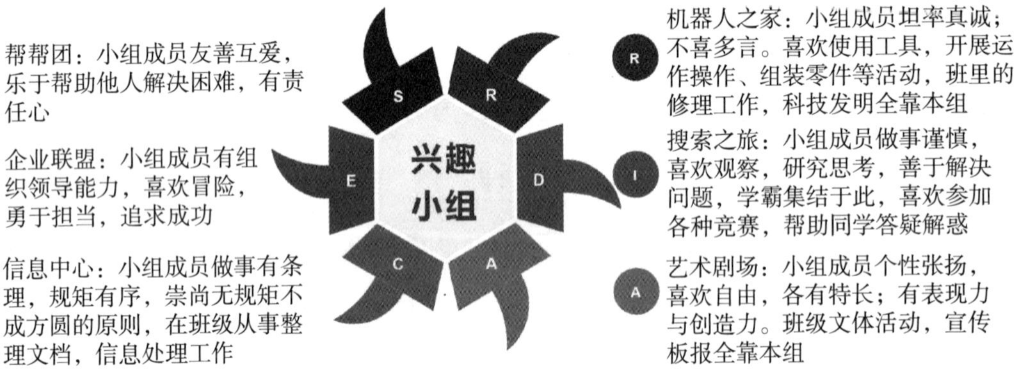

帮帮团：小组成员友善互爱，乐于帮助他人解决困难，有责任心

企业联盟：小组成员有组织领导能力，喜欢冒险，勇于担当，追求成功

信息中心：小组成员做事有条理，规矩有序，崇尚无规矩不成方圆的原则，在班级从事整理文档，信息处理工作

机器人之家：小组成员坦率真诚；不喜多言。喜欢使用工具，开展运作操作、组装零件等活动，班里的修理工作，科技发明全靠本组

搜索之旅：小组成员做事谨慎，喜欢观察，研究思考，善于解决问题，学霸集结于此，喜欢参加各种竞赛，帮助同学答疑解惑

艺术剧场：小组成员个性张扬，喜欢自由，各有特长；有表现力与创造力。班级文体活动，宣传板报全靠本组

图2-2

2. 如何发现与培养自己的兴趣

第一，找到自己的天赋。

兴趣和天赋两者是有一定联系的，甚至可以说，兴趣决定了一个人的天赋。每个人的资质其实大体是相同的，你在某个领域是不是有天赋，取决于你对这个领域是不是有浓厚的兴趣，是不是有足够的热情。有了兴趣，才有自我创新拓展的动力，才能更好地将能力发挥在所钟爱的领域，自己专业方面的潜质才

能被不断地激发出来。

第二，确立每个可以实现的小目标。

以目标为导向，尝试在实践中以培养自己的成就感为目标，制订切实可行的小目标，兴趣对目标的确立确实是很重要的。一个人如果一开始就对某个领域缺乏足够的兴趣，就不可能有进一步的学习和接触了，更不会将其确立为未来的目标。小时候的兴趣爱好，往往会伴随这个人的一生，也会深刻地影响他将来的人生目标。

第三，了解事物本身的功用，建立间接的兴趣。

从兴趣指向性角度讲，兴趣可分为直接兴趣和间接兴趣。直接兴趣是指那些由于对事物或活动本身感到需要而引起的兴趣。在学习中由于被学习内容所吸引而愿意学习，这便是直接兴趣的表现。间接兴趣是指对事物或活动本身并没有兴趣，而是对事物或活动可能达到的结果感到需要而产生的兴趣。如有的学习内容枯燥无味、使人厌烦，无法引起学习兴趣（直接兴趣），但在学习中，由于考虑到这些知识对自己今后的职业、学习有巨大帮助，或认识到对这些知识的掌握直接影响自己的升学或考分，从而努力克服困难去掌握这些知识，这就是间接兴趣的表现。

第四，原有兴趣的迁移。

兴趣迁移指将已有的兴趣延伸到相关的事物上，并对其发生兴趣。兴趣迁移要善于发现感兴趣的事物或活动是什么，要善于寻找新的事物或活动与原有的兴趣之间的相通点，要在实际活动中循循善诱，促使自己产生新的认识需要，努力克服困难。比如原先喜欢看手机玩游戏，这样的兴趣有害健康，为了改变原有的兴趣，让自己走进大自然，多进行户外活动，慢慢地就会热爱上和大自然的融入，变得不再沉迷于游戏。这样从原有的兴趣转移到现在的爱好，就是原有兴趣的迁移。

第五，想象成功后的自己，以此激发兴趣。

想象成功后的自己也是激励自己的好方法。很多时候，我们通过幻想，也能让自己产生努力的行为，我们能够让自己变得更加积极。想象成功后的自己，更容易收获自信与成功。

第3节　兴趣与职业的关系

兴趣是指一个人力求认识、掌握某种事物，并经常参与该种活动的心理倾向，人的兴趣在职业活动中起着十分重要的作用。在选择职业或岗位时，不仅需要了解自己的性格，还需要了解自己的兴趣，有的人对研究自然知识感兴趣；有的人倾向于情感世界，活跃于人际关系领域；有的人对智力操作感兴趣。不同的职业也需要不同的兴趣特征，一个擅长技能操作的人，在技能操作领域更得心应手，如果硬把他的兴趣转移到书本理论上来，他就会感到无用武之地。正是这种兴趣上的差异，构成了人们选择职业的重要依据。

兴趣可以更好地辅助职业发展进步，职业生涯有了兴趣的力量可以走得更长远。兴趣是最好的老师，只有将能力和兴趣结合起来考虑，才更有可能取得成功。获得诺贝尔物理学奖的华人丁肇中说过："爱好比天才重要。"

兴趣是保证职业稳定、职场成功的重要因素；对某一职业有浓厚的兴趣，是智力开发的"孵化器"，兴趣是学习与工作动力的主要源泉之一。

兴趣可以提高你的学习与工作效率，可以调动人的全部精力，以敏锐的观察力、高度的注意力、深刻的思维和丰富的想象力投入工作，促进你能力的发挥，兴趣和能力的合理结合会大大提高效率。

生涯体验

兴趣岛测试——你适合什么职业

恭喜你！你获得了一次免费度假的机会，有机会去下列 6 个岛屿中的一个。

唯一的要求是你必须要在这个岛上待满至少半年的时间。请不要考虑其他因素，仅凭自己的兴趣选出你最想前往的3个岛屿。

（1）自然原始的岛屿。岛上居民以手工制作见长，自己种植花果蔬菜、修缮房屋、打造器物、制造工具，喜欢户外运动，岛上自然生态保持得很好，有各种野生动物。

（2）深思冥想的岛屿。有多处天文馆、科技博览馆及图书馆。岛上居民喜好观察、学习，崇尚和追求真知，常能有机会与来自各地的哲学家、科学家、心理学家等交流心得。

（3）美丽浪漫的岛屿。岛上比比皆是的美术馆、音乐厅、街头雕塑和街边艺人，弥漫着浓厚的艺术文化气息。岛上居民保留了传统的舞蹈、音乐与绘画技艺，许多文艺界的朋友都喜欢来这里找寻灵感。

（4）现代、井然有序的岛屿。岛上建筑十分现代化，是进步的都市形态，以完善的户政管理、地政管理、金融管理见长。岛民个性冷静保守，处事有条不紊，善于组织规划，细心高效。

（5）显赫富庶的岛屿。岛上居民善于企业经营和贸易。经济高度发展，到处是高级饭店、俱乐部、高尔夫球场。来往者多是企业家、经理人、政治家、律师等。

（6）友善亲切的岛屿。岛上居民个性温和、友善、乐于助人，各个社区均自成一个密切互动的服务网络，人们重视互助合作，重视教育，关怀他人，充满人文气息。

请思考以下几个问题：

（1）按自己选择的第一个岛屿分组就座。

（2）同一岛屿的人交流一下自己为什么选择这个岛屿，看看大家有什么共同的兴趣爱好，归纳为关键词。

（3）根据大家的交流给自己的岛屿命名，在白纸上制作一张本岛屿的logo。

（4）每个小组请一位同学用2分钟时间展示自己小组的logo创意，并在全班介绍一下自己小组成员的共同特点。

生涯知识

霍兰德的职业兴趣理论

约翰·霍兰德（John Holland）是美国约翰·霍普金斯大学心理学教授，美国著名的职业指导专家。他于1959年提出了具有广泛社会影响的职业兴趣理论。他认为，人的职业兴趣与人格之间存在很高的相关性，人格可以分为现实型、研究型、艺术型、社会型、企业型和常规型。

霍兰德的职业兴趣理论主要从兴趣的角度出发来探索职业指导的问题。他明确提出了职业兴趣的人格观，使人们对职业兴趣的认识有了质的变化。

霍兰德的职业兴趣理论反映了他长期专注于职业指导的实践经历，他把对职业环境的研究与对职业兴趣个体差异的研究有机地结合起来，而在霍兰德的职业兴趣类型理论提出之前，二者的研究是相对独立进行的。

霍兰德以职业兴趣理论为基础，先后编制了职业偏好量表和自我导向搜寻表两种职业兴趣量表，作为职业兴趣的测查工具，霍兰德力求为每种职业兴趣找出两种相匹配的职业能力。兴趣测试和能力测试的结合在职业指导和职业咨询的实际操作中起到了促进作用。

六种人格类型对应的职业

（1）现实型：如技术性职业（计算机硬件人员、摄影师、制图员、机械装配工），技能性职业（木匠、厨师、技工、修理工）。

（2）研究型：如科学研究人员、教师、工程师、电脑编程人员、医生、系统分析员。

（3）艺术型：如艺术、文学工作。但在平常不是指从事艺术工作，而是指工作中倾向于将事情做得漂亮、有情调、锦上添花、追求完美。

（4）社会型：如教育工作者（教师、教育行政人员），社会工作者（咨询、公关人员）。

（5）企业型：如项目经理、销售、营销管理、政府官员、企业领导、法官、律师。

（6）常规型：如秘书、办公室人员、记事员、会计、行政助理、图书馆管理员、出纳员、打字员、投资分析员。

第二章 自我成长：我想要的生活

少年与爱永不老去，即便披荆斩棘，丢失怒马鲜衣。

——题记

自我成长是指在我们生活中，慢慢地认知周围的一些事物而产生的一种成长状态。随着年龄的增长，每个人在不同时间段看待身边的人与事物都会产生不同的理解，这是人的心理渐渐成熟的一种表现。

第1节 发挥你的潜能：找到你的优势智能

生涯困惑

上初中以后，小莹的学习成绩一直处于中等水平。她发现自己的各项能力都不如其他同学，在兴趣爱好方面也没有发现特别之处。父母想过给她报兴趣班来提升她的能力，但是却不知道报什么兴趣班适合她？小莹觉得自己似乎没什么优点，问到她，未来想往哪些方面发展？她感到茫然……

点评：事实上，每个人与生俱来都有自己的潜能优势，只是缺乏发现的眼睛，只要仔细观察，每个人身上都有闪光点，世界上从来没有一无是处的人。有一句话说得好："世界上不是缺少美，而是缺少发现美的眼睛。"

多元智能理论之父、教育学与心理学教授霍华德·加德纳指出，每个人都有八项智能，"智能人人都有，组合高低人人不同"这才造成每个个体的差异性。只有善于去发现自己的优秀智能，发掘自己的潜能，才能更了解自己，才能在学习与生活中更好地运用自己的优势智能，积极为自己的生命找到意义，绽放多彩的人生。

生涯测试

多元智能自测

根据自己的实际情况，在下面的表格中每项对应的分值处打"√"，5分为最高分，1分为最低分。

1. 语言智能测试（表2-3）

表2-3

测试项目	分值				
	5分	4分	3分	2分	1分
喜欢阅读各种读物					
能做好笔记，认为笔记能帮助记忆和理解					
经常通过信件或电子邮件的形式与朋友保持亲密的联系					
能简单清楚地向别人解释自己的想法					
喜欢玩字谜游戏或其他文字游戏					
喜欢外语					
喜欢参加辩论和公众演说活动					
写作能力强，能坚持写日记，并喜欢记录自己的所感所想					
能记住别人的姓名、事情发生的地点、日期或其他小事					
喜欢打油诗、押韵诗，喜欢说双关语等					
喜欢通过谈话或写作与人交流					
喜欢开玩笑、吹牛皮和讲故事					
能正确地拼写且词汇量很大					
喜欢模仿他人的声音、语言、阅读及写作					
能仔细倾听别人的诉说，并能理解、概括、分析并记住别人所说的内容					
得分：					

2. 逻辑数学智能测试（表2-4）

表2-4

测试项目	分值				
	5分	4分	3分	2分	1分
喜欢把东西整理得井井有条					
做事喜欢循序渐进					
能轻易地把问题解决好					
心算的速度很快					
能利用计算机的电子数据表或数据库工作					
喜欢上数学课					
喜欢玩数学游戏，如计算机数学游戏					
喜欢玩象棋、跳棋或其他带策略性的游戏					
喜欢做逻辑性的谜语或需要经过推理的难题					
喜欢将事物归类或分层次					
喜欢运用多种思维技巧解决问题					
能利用抽象的概念或层次来思考问题					
喜欢探究信息的模式，对信息进行分类，并喜欢发掘信息之间的联系					
能搜集、处理、分析、解释和预测数据					
总喜欢问有关工作原理的问题，能想明白问题间的因果关系					
				得分：	

3. 视觉空间智能测试（表2-5）

表2-5

测试项目	分值				
	5分	4分	3分	2分	1分
能想出各种主意					
喜欢经常重新布置一下房间，并视为一种乐趣					
喜欢利用各种媒体或工具来制作艺术品					
能利用脑力图回忆事情					
在头脑中能将事物形象化					
喜欢以图表形式解释说明问题而不是文字形式					

续表

测试项目	分值				
	5分	4分	3分	2分	1分
喜欢看电影、电视、图片以及其他视觉表现形式					
喜欢玩迷宫、拼图和魔方					
在头脑中能巧妙地形成三维图，喜欢看地图和设计图					
经常在纸上或计算机上涂涂画画或制作草图					
喜欢用图像和图片来思考问题					
喜欢制图、绘画、雕刻或从事其他的艺术活动					
在思考概念与解释性的问题时，喜欢用清晰明了的视觉图像来解决					
能精确地画出人物画或静物画					
在接受新事物时，喜欢做白日梦					
得分：					

4. 音乐智能测试（表2-6）

表2-6

测试项目	分值				
	5分	4分	3分	2分	1分
很容易熟悉音乐模式					
很重视噪声与声音问题					
喜欢玩乐器					
对诗的节奏很感兴趣					
记东西时喜欢把它写成有韵律的诗					
喜欢多种音乐					
认为音乐剧比戏剧表演更有趣					
很容易记住歌曲的歌词					
能够区别不同的声音/音调					
能轻易地记住音乐的旋律					
对周围环境的声音比较敏感					
做事喜欢有节奏地实施					
喜欢识谱					
音乐或一个音符奏错了都能感觉得到					

续表

测试项目	分值				
	5分	4分	3分	2分	1分
喜欢唱歌，经常小声哼唱或打拍子，并喜欢保持节奏					
得分：					

5. 肢体动觉智能测试（表2-7）

表2-7

测试项目	分值				
	5分	4分	3分	2分	1分
不喜欢静静地坐很长时间					
喜欢户外活动和户外体育锻炼					
认为健康的体魄对健康的心灵来说很重要					
认为通过舞蹈表达感情是一种很美的方式					
喜欢利用各种工具来工作					
喜欢在做中学					
喜欢模仿别人的动作					
喜欢拆东西，然后又把东西拼起来					
喜欢接触或保存各种东西，又会把它们移来移去					
喜欢步行、跑步、跳跃、走动、摔跤					
喜欢做些手工活，如缝补、修理、制作东西					
在表达自己想法时喜欢做手势					
在思考问题或工作时喜欢做些不同的身体运动					
喜欢通过运动来表达自己的情感，如跳舞					
通过模仿、触摸或表演学习知识，学习效果最佳					
得分：					

6. 人际沟通智能测试（表2-8）

表2-8

测试项目	分值				
	5分	4分	3分	2分	1分
用与他人合作的方法进行学习，效果最好					
与他人交流得越多，感觉越好					

续表

测试项目	分值				
	5分	4分	3分	2分	1分
认为学习群体对自己很有价值					
喜欢去聊天室					
电视与广播里的谈话节目很有意思					
喜欢与人合作，不喜欢单独工作，不愿独处					
很关注社会问题和社会原因					
有领导才能					
是朋友遇到困难时的忠实听众					
善于与他人交流思想					
喜欢参加各种俱乐部、协会及其他团体组织					
喜欢教别人					
有许多好朋友和知心朋友					
善于理解他人的观点					
很善于交流、组织管理，能巧妙地处理好人际关系					
得分：					

7. 个人内省智能测试（表2-9）

表2-9

测试项目	分值				
	5分	4分	3分	2分	1分
独立工作和团体工作一样有效率					
在同意做某事前，要知道我为什么要做这件事					
一旦认定要做某事，就会100%投入					
有毅力，希望不断地改正错误					
知道如何设定目标，并努力达成这些目标					
能轻松自在地独处，又能与同伴愉快地共处，几乎不会有无聊或情绪低落的时候					
被认为是言出必行的人					
能够坚持自己的看法，不管别人怎么想					
不断地从成功和失败的事件上得到经验和教训					

续表

测试项目	分值				
	5分	4分	3分	2分	1分
不太关心时尚、流行的东西或个人穿着					
诚实且预先知道自己的感受					
有很强的自我意识，明白自己的优点和缺点					
有很强的独立能力，有坚强的意志和自我引导能力					
喜欢单独从事自己的业余爱好、兴趣或工作					
有充分的自信					
得分：					

8. 自然观察智能测试（表2-10）

表2-10

测试项目	分值				
	5分	4分	3分	2分	1分
喜欢根据事物的共同特征将事物分类					
很重视生态问题					
喜欢徒步旅行与实地考察					
喜欢在花园里学习					
认为保护国家公园很重要					
喜欢动物					
在家里有一个自己的垃圾回收系统					
喜欢学习生物学、植物学或动物学					
很多时间在室外					
喜欢探索人类和自然环境					
对某一事物的变化和演变感兴趣					
喜欢自己在家里种些植物或饲养动物					
喜欢探索动植物的生命周期及人类产品的制造					
喜欢用显微镜、望远镜、观察笔记和电脑研究生物的组织和系统					
喜欢按照自己感兴趣的方式来布置自己周围的环境					
得分：					

通过测评，你的前三项优秀智能分别是：_____、_____、_____。

相对较弱的后两项智能分别是：_____、_____。

改善的行动计划：

（1）_____

（2）_____

（3）_____

（4）_____

（5）_____

生涯知识

认识多元智能理论

多元智能理论是美国哈佛大学著名教育学与心理学专家霍华德·加德纳教授于1983年提出的。他指出每个人与生俱来就拥有八项智能，包括语言、逻辑数学、视觉空间、音乐、肢体动觉、人际沟通、个人内省智能与自然观察。各个智能的强弱分布因人而异。例如，有的人一生下就特别爱唱歌，擅长唱歌，或许能成为音乐领域的杰出人物；有的人喜欢运动；有的人特别乐观与开朗；而有的人却胆小谨慎，其实有许多原因都来自每个人与生俱来的天性特质。

加德纳教授在他写的两本书《智能的结构》《重构多元智能》中谈道："智能是生物心理学的潜能，是我们人类本身所固有的能力。"所有的能力都应当被称为"智能"或"天赋"。智能是智力与能力的总称。多元智能理论核心理念是"智能人人都有，组合高低人人不同"，形成每个独一无二的个体，强调存在差异性，提出因材施教的教育观。

多元智能与遗传学和环境学的观点，强调从形成概念起，遗传与环境之间表现的状态是相互影响的智能与遗传基因、大脑神经学有着直接关系。强调每个人都有与生俱来的八项智能（表2-11），体现了人类个体的差异性、独特性。从教育学、心理学、脑神经学与行为学的角度看，智能不是单一的，也就是说我们判读一个人是否聪明，不能从传统智力水平进行评价。该研究表明，人因为拥有不同类型的智能，从而以不同的方式来学习、记忆、展示和理解。

多元智能理论是生命科学，帮助我们从了解自己开始，运用优势智能发掘自己的潜能，从而主动调整与适应当下及未来所面对的各种挑战，找到适配的职业方向，为未来的人生规划做出正确的抉择。

表2-11

序号	智能名称	智能定义	对应的职业
1	语言智能	指有效运用口头语言或文字表达自己的思想并理解他人的思想，灵活掌握语音、语义、语法，具备用言语思维、言语表达和欣赏语言深层内涵的能力，以及结合在一起并运用自如的能力	政治活动家、主持人、律师、演说家、编辑、作家、记者、教师等
2	逻辑数学智能	指计算、测量、推理、归纳、分类，并进行复杂数学运算的能力。这项智能包括对逻辑的方式和关系，陈述和主张，功能及其他相关的抽象概念的敏感性	科学家、会计师、统计学家、工程师、电脑软件研发人员等
3	视觉空间智能	指准确感知视觉空间及周围一切事物，并且把所感觉到的形象以图画的形式表现出来的能力。这项智能包括对色彩、线条、形状、形式、空间关系的敏感性	室内设计师、建筑师、摄影师、画家、飞行员等
4	音乐智能	指能够敏锐地感知音调、旋律、节奏、音色等能力。这项智能对节奏、音调、旋律或音色的敏感性强，与生俱来就拥有音乐的天赋，具有较高的表演、创作及思考音乐的能力	歌唱家、作曲家、指挥家、音乐评论家、调琴师等
5	肢体动觉智能	指善于运用整个身体来表达思想和情感、灵巧地运用双手制作或操作物体的能力。这项智能包括特殊的身体技巧，如平衡、协调、敏捷、力量、弹性和速度，以及由触觉所引起的能力	运动员、演员、舞蹈家、外科医生、机械师等
6	人际沟通智能	指能很好地理解别人和与人交往的能力。这项智能善于察觉他人的情绪、情感，体会他人的感觉感受，辨别不同人际关系的暗示以及对这些暗示做出适当反应的能力	政治家、外交家、领导者、心理咨询师、公关人员、推销员等

续表

序号	智能名称	智能定义	对应的职业
7	个人内省智能	指自我认识和善于自省，并据此做出适当行为的能力。这项智能能够认识自己的长处和短处，意识到自己的内在爱好、情绪、意向、脾气和自尊，喜欢独立思考	哲学家、政治家、思想家、心理学家等
8	自然观察智能	指善于观察自然界中的各种事物，对物体进行辨认和分类的能力。这项智能有助于形成强烈的好奇心和求知欲，有着敏锐的观察能力，能了解各种事物的细微差别	天文学家、生物学家、地质学家、考古学家、环境设计师等

生涯体验

1. 独木舟的问题

19个人要渡过一条河，河水很急，不能游泳，只能通过小舟穿过河水到达对岸，而他们只有一条小舟，独木舟一次只能载三人，每次通过只能载一个成年人，而他们中只有一个成年人，独木舟需要来回几趟，才能将所有儿童载到对岸？

请关注在思考这个问题时大家各自的表现，分析在解决问题中运用了哪些智能（表2-12）？

表2-12

你的表现	运用的智能
仔细阅读问题好几遍	例如：语言智能
在我的脑中将问题图像化	
将问题图表化	
运用数学公式计算	
寻找规律进行思考并解题，与他人讨论	
向他人求助	
将问题演算出来	
运用具体的物体来解决问题。一边运算，一边哼唱	
先将问题在脑海中全部过一次再运算	
会想到水流与自然条件带来的阻碍	
选择不思考这个问题	

总结：每个人都有自己的优秀智能，多元智能无时无刻都存在于我们的日常生活、学习中，通过这个练习，让我们更了解多元智能，你发现你的优秀智能是什么了吗？

2. 我的优势勋章

将你从小到大的成就、优势写在每一块奖牌（图2-3）上，这些都是你的财富。

图2-3

思考题：

（1）你发现你的优势智能了吗？

（2）请多注意你身边的人，在生活中他们有哪些表现展现了他们的优势智能？

第2节 找到自己的优势智能：我适合做什么

多元智能与职业规划

多元智能理论提出智能无高低之分，只有智能的结构差异。人的智能常以组合的方式来展现，每个人都具有一种或多种能力的组合，不同的人会有不同的智能组合的优势。

通过多元智能，我们就可以迅速发现自己的优缺点，帮助我们认识自己，发现自己的兴趣和能力特长，找到方向，由此根据优势选择专业，挑选自己擅长的职业，将智能与职业规划联系起来，可以作为未来专业与职业选择的参考（表2-13）。

表2-13

多元智能	适配职业	具备技能
语言智能	作家、播音员、新闻记者、编辑、律师、翻译员、图书档案管理员等	编辑、口语表达、抄录、写作等
逻辑数学智能	数学家、科学家、计算机分析员、经济学家、统计师、审计师、金融理财师、会计师等	理财、预算、推理、计算、审核、推测、分析、研究等
视觉空间智能	工程师、建筑师、美工设计师、空间设计师，画家、摄影师等	绘图、想象、设计、创意、图解、摄影、装饰、制作等
音乐智能	音乐人、音乐家、音乐节目主持人、乐器制作者、钢琴家、音乐老师、舞蹈老师等	唱歌、弹奏、指挥、作曲、音乐欣赏等
肢体动觉智能	体育老师、运动员、技工、手工制作者等	平衡、制造、修理、跑步、操作、运动等
人际沟通智能	高级经理、老板、校长、人类学家、社会工作者、营销人员等	沟通、顾问、评判、认同、接待、团队合作、领导等
个人内省智能	心理学家、心理治疗师、心理辅导人员、企业家、社会工作者等	目标、评定、规划、自省、自知、爱心等
自然观察智能	生物学家、动植物学家、农业研究员、天文学家、园艺家、海洋学家等	分类、观察、标本制作、种苗培育等

第3节 我的价值观：我想要的生活

价值观是人们在处理普遍性价值问题上所持的立场、观点和态度的总和。是指人们认识与评价客观事物、现象对自身或社会的重要性持有的内部标准。

它基于人的一定感官思维做出认知、理解、判断或抉择，也就是认定事物，判定是非的一种思维倾向。

价值观与职业之间的关系是一种相互影响和决定的关系。价值观是一种基本的思想，它可以影响一个人的职业选择和行为，而从事的职业也可以改变一个人的价值观。

生涯困惑

初二年级的女生小黎，曾是一名积极向上，成绩优异的好学生，却在突如其来的压力面前成了一名患焦虑症、忧郁症休学在家的孩子。她所面对的压力来自各方面：父母的期望、老师指引的人生道路、同学之间的比较、个人对自己的要求。这些集中起来成了让她崩溃的源动力。

从老师与小黎的对话中可以看出，她的世界里除了努力学习还是努力学习，她接收到的价值观是小学不努力学习就考不上好初中，考不上好初中就考不上好高中，考不上好高中就考不上好大学，就找不到好工作，除了努力学习外的其他事情都是不务正业。成绩上去了她想要保持住；成绩下来了，自责自己没用，拼尽全力想要挽回。她活在这个让她不能自拔的价值内耗中。

点评：人生中最重要的东西有两样。第一是生命，要让生命单纯而善良；第二是灵魂，要让灵魂丰富而高贵。生活在现代社会的我们，渴望并追逐成功，创造能力因此得到充分发挥。然而与之相随的是我们常常感到压力重重，甚至越来越觉得生活内在的动力不足，精疲力尽。

初中阶段正处于成长的关键期。在学习压力的重压之下，我们被剥夺了面对真实生活的权利，被剥夺获得生活乐趣的机会，该如何面对人生的失意？如何度过悸动的青春期？如何解答价值的迷茫和困惑？

价值观是我们行为的准绳和选择的标准，如果我们没有树立正确的价值观，那当我们在追求自己的利益的时候，可能会失去底线，做出一些有违道德甚至法律的事情。没有正确价值观的指引，我们可能会走上错误道路。

生涯测试

价值观问卷

就下面的问题，在最接近你的想法中做出选择，只能选一项。

（1）你认为在当今社会，多数人遵循的原则是（　　）。

A. 为他人着想，克己奉公　　　B. 我为人人，人人为我

C. 为自己的利益而奋斗　　　　D. 不知道，没想过

（2）与人相处时，你会怎么做？（　　）

A. 克制自己将就别人，以争取更好的人际关系

B. 与人为善，互帮互助

C. 追求公平、公正

D. 互相利用

E. 为了达到自己的目的，不惜损人利己

（3）你现在的学习动机是（　　）。

A. 打好基础，今后在社会上成就一番事业

B. 打好基础，为了今后进一步学习深造

C. 毕业后找一份好工作

D. 获得奖学金

E. 对得起父母

（4）你对自己当前的学习状况（　　）。

A. 很满意　　　　　　　　　　B. 基本满意

C. 不满意，但又无法改变　　　D. 不满意，但也不想做什么改变

（5）考试时，如果你发现同学作弊，你将会（　　）。

A. 向监考老师揭发或提醒老师注意

B. 主动暗示他不要作弊

C. 觉得这种行为可耻，但又不表现出来

D. 反正不关自己的事，不管不问

E. 作弊的人太多了，习以为常

F. 有机会自己也作弊

（6）你对自己的前途（　　）。

A. 充满信心　　　　　　　　B. 比较迷茫

C. 比较悲观　　　　　　　　D. 无所谓

（7）如果你独自捡到一个钱包，内有巨额现金，你会（　　）。

A. 交给有关部门　　　　　　B. 内心很矛盾，最后还是交了

C. 内心很矛盾，最后不交　　D. 如果没人知道就归自己

（8）选择工作时，你认为最重要的是（　　）。

A. 能发挥自己的个性和才能　　B. 收入高　　　　C. 工作稳定

D. 社会地位高　　　　　　　　E. 符合自己的兴趣

（9）你认为成功人士最重要的标志是（　　）。

A. 社会地位高　　　　　　B. 有名气　　　　C. 品德高尚

D. 知识丰富、学历高　　　E. 能力强　　　　F. 挣钱多

G. 对社会贡献大

（10）你认为影响一个人事业和前途的最主要因素是（　　）。

A. 家庭背景　　　　　　　B. 自己的知识水平

C. 能力和素质　　　　　　D. 领导的赏识　　　　E. 机遇

（11）你最希望得到的是哪方面？（　　）

A. 三好学生、优秀学生干部等荣誉

B. 更多的零用钱

C. 更多的上网机会

D. 融洽的人际关系，很多的朋友

E. 能在班级、学生会、校团委等组织中担任干部

（12）你认为应该选什么样的人做班干部？（　　）

A. 正直、有责任心，敢于秉公直言

B. 学习好，能力强

C. 勇于为班级谋利益的

D. 忠实履行学校、班级的管理职责

E. 能钻学校、班级管理的空子，为同学谋得一些私利

（13）你对理想的理解是什么？（　　）

A. 对一个人的成功有很大的指导和促进作用，所以自己有明确的理想

B. 也知道有益，但自己没主动树立什么理想

C. 不知道该想些什么，所以没理想

D. 没想过

（14）你认为人的本质是什么？（　　）

A. 人的本质是自私的　　　　　　B. 人之初，性本善

C. 一半是天使，一半是魔鬼　　　D. 不知道，没想过

（15）你最崇拜的是哪一类人物？（　　）

A. 成功商人　　　　　　　　　　B. 政治伟人

C. 道德高尚者　　　　　　　　　D. 科学家

E. 文体明星　　　　　　　　　　F. 没有偶像

（16）你比较倾向于下面哪种生活观？（　　）

A. 积极上进，拼搏进取　　　　　B. 知足常乐，随遇而安

C. 潇洒超脱，不计名利　　　　　D. 追求轻松、享受、快乐

E. 没想好

（17）你对"舍己为人""大公无私"等品质的态度是（　　　）

  A. 很向往，正在努力培养这样的品质　　　　B. 很向往，但自己做不到

  C. 希望别人做到，不希望自己做到　　　　　D. 不以为然

  E. 觉得很傻

（18）你和父母之间的关系（　　　）。

  A. 很亲近和谐，非常体谅父母，感谢他们的养育之恩，准备以后好好报答

  B. 较好，常会有一些互动交流

  C. 一般，没有多少感情沟通，仅仅是衣食父母

  D. 不太好，觉得他们很烦

现在，请你和大家一起分享和讨论你的价值观。

我最为重要的价值观是_____

因为_____

_____

_____

生涯名词

价值观

价值观是指个人对客观事物（包括人、物、事）及对自己的行为结果的意义、作用、效果和重要性的总体评价，是对什么是好的、是应该的总看法，是推动并指引一个人采取决定和行动的原则、标准，是个性心理结构的核心因素之一。它使人的行为带有稳定的倾向性。价值观是人用于区别好坏、分辨是非及其重要性的心理倾向体系。它反映人对客观事物的是非及重要性的评价。

价值观对人们自身行为的定向和调节起着非常重要的作用。价值观决定人的自我认识，它直接影响和决定一个人的理想、信念、生活目标和追求方向的性质。

初中生的价值观

初中生是正处在成长阶段的学生，他们的价值观也在不断地形成和发展。初中生的价值观是指他们对人生、社会、道德等方面的看法和态度。初中生的价值观对他们的成长和未来有着重要的影响。

初中生的价值观应该注重人生的意义。初中生应该认识到人生的意义不仅仅是为了追求物质上的享受，更重要的是要追求精神上的满足。初中生应该明确自己的人生目标，努力实现自己的梦想。

初中生的价值观应该注重社会责任。初中生应该认识到自己是社会的一分子，积极参与社会公益活动，关注社会问题，为社会发展作出自己的贡献。

初中生的价值观应该注重道德规范。初中生应该明确自己的道德底线，遵守社会公德、职业道德、家庭美德等各种道德规范。初中生应该树立正确的道德观念，培养良好的道德品质。

初中生的价值观应该注重个人素质的提高。初中生应该注重自身的素质提高，包括知识、技能、情感、态度等各个方面。初中生应该积极学习，不断提高自己的综合素质，为未来的发展打下坚实的基础。

初中生的价值观是一个非常重要的问题，关系到成长和未来。初中生应该树立正确的价值观，注重人生的意义、社会责任、道德规范和个人素质的提高，为自己的未来打下坚实的基础。

生涯体验

我的"五样"

想一想对你来说什么是最重要的呢？请根据活动步骤，小组内完成下面的活动。

活动步骤：拿出一张白纸，在纸的中间，写上"××××× 五样"回忆自己生命中重视的、不可缺少的人或物（可以是人、物、精神等）从中选出最重要的五样并写出你选择的理由（图2-4）。

一次次意外的降临，你生命中最重要的"五样"一个一个离你而去，你不得不一次一次的选择，你将会如何选择？

直到人生的低谷，已经无法保全其他东西，只能留下你认为最重要的一样，你要留下什么？为什么？

_____五样

1. _____   理由：_____
2. _____   理由：_____
3. _____   理由：_____
4. _____   理由：_____
5. _____   理由：_____

图2-4

生涯训练

猕猴觅豆

从前有只猕猴，拿了一把豆，行走时不小心掉了一颗豆子在地上。它将其他豆子放在地上，回去找那颗丢失的豆子。结果，非但丢的豆子没有找回，其他放在地上的豆子也没有了，猕猴很懊恼。

如果你是猕猴，你会怎么做？

你是否为了追求某种事物，把其他都放弃了？

如果你很重视的事物没得到，你会怎么做呢？

情景模拟：如果你丢了钱或者捡到了钱，你会怎么做？（拾金不昧还是拾金有偿？）

如果你遇到一位晕倒在地的老人，你会做出怎样的反应？（见死不救还是有难就救？）

价值观与职业价值观之间的关系

职业价值观是指人生目标和人生态度在职业选择方面的具体表现，也就是一个人对职业的认识和态度以及他对职业目标的追求和向往。职业价值观是人们对待职业的一种信念与态度或是说在职业生活中表现出的一种价值取向。

首先，职业价值观是人们衡量社会上某种职业优劣和重要性的内在尺度，是个人对待职业的一种信念，并为其进行职业选择、努力实现工作目标提供充分的依据。职业价值观反映的是人的需要与社会职业属性之间的关系，是人对社会职业的评价。

其次，职业价值观还是一种具有明确目的性、自觉性和坚定性的职业选择态度和行为，对一个人的职业目标和择业动机起着决定性的作用。比如，如果一个人追求的是自我价值的实现，那么他就会选择那种最能发挥其特长的职业；如果一个人只是一味地追求名和利，那么他在选择职业时，就会优先考虑目前所选取职业的地位和经济收入。价值观与职业之间关系的特点是：价值观与职业有一定的匹配性，而且职业经历可以塑造一个人的价值观，并且价值观还能给一个人的工作赋予个人特色。

最后，价值观具有相对的稳定性和持久性。在特定的时间、地点、条件下，人们的价值观总是相对稳定和持久的。比如，对某人或事物的好坏总有一个看法和评价，在条件不变的情况下这种看法不会改变。

生涯思考

职业价值观

职业价值观是在人们从事的职业上的体现,是个人对某项职业的价值判断和希望从事某项职业的态度倾向。即个人对某项职业的希望、愿望和向往。工作价值观反映了个人在工作中所寻找的是什么、需要的是什么、用什么样的标准来判断工作的"好"与"坏"等。

请思考:你最看重的是什么?

工资高,福利好(　　　)

工作环境(物质方面)舒适(　　　)

人际关系良好(　　　)

工作稳定有保障(　　　)

能提供较好的受教育机会(　　　)

有较高的社会地位(　　　)

工作不太紧张,外部压力少(　　　)

能充分发挥自己的能力特长(　　　)

社会需要与社会贡献大(　　　)

生涯训练

价值观拍卖

活动规则: 每个人的手上都有5000元,代表一个人用一生的时间与精力换来的财富,以小组为单位竞拍,一个小组有6个人,总共是3万元;每个小组可以根据自己的喜好与价值的判断,拍下竞拍上的任何物品。

每样东西都有底价,每次出价以200元递增,出价最高的人竞拍成功,如果有人出全部价格（3万元），那么直接成交。

老师组织拍卖会，直到所有物品拍卖完为止。

共有21种拍卖物品（表2-14）。

表2-14

物品	底价	物品	底价	物品	底价
1.友情	300	8.名誉	500	15.善良	1000
2.爱情	300	9.权力	1000	16.诚信	1000
3.亲情	500	10.聪明	1000	17.幸福	1000
4.美丽	300	11.快乐	500	18.名牌大学	500
5.健康	1000	12.豪车	500	19.勇敢	1000
6.自由	1000	13.豪宅	500	20.稳定的工作	500
7.礼貌	300	14.美食	500	21.财富	1000

思考题：你拍到了什么？为什么花重金拍下这些物品？它对你意味着什么？请与小组同学分享。

第三章　生涯探索：描绘我的生涯彩虹

探索是冒昧却也是勇气，它展示了开拓者坚韧的壮志。

——题记

生涯探索是一门探索了解自我（知己），并且了解升学、职业的相关资讯等生涯环境（知彼）的功课，经过探索后，再进行适合自己的生涯规划（抉择）。

青少年在13～18岁是自我探索的重要阶段，也是生涯发展的关键时期。爱因斯坦说过："If you want to live a happy life, tie it to a goal, not to people or things."意思是说你要过快乐有意义的人生，你必须确立人生目标，而不是追随某些人或追求某些事。生涯规划不能假手于人，只能靠自己。当你全程投入，你会感受到生涯的美丽和人生的美妙。

第1节　初识生涯彩虹图

"生涯彩虹图"是著名的职业生涯规划大师舒伯（Donald E.Super）为了综合阐述生涯发展阶段与角色彼此间的相互影响，创造性地描绘出一个多重角色生涯发展的综合图形（图2-5）。

根据舒伯的观点，一个人一生中扮演着许许多多的角色，就像彩虹同时具有许多色带一样。舒伯将显著角色的概念引入了生涯彩虹图。他认为角色除与年龄及社会期望有关外，还与个人所涉入的时间及情绪程度有关联，因此每一阶段都有显著角色，且角色间存在彼此的相互影响，它形象地展示了生涯发展的时空关系。

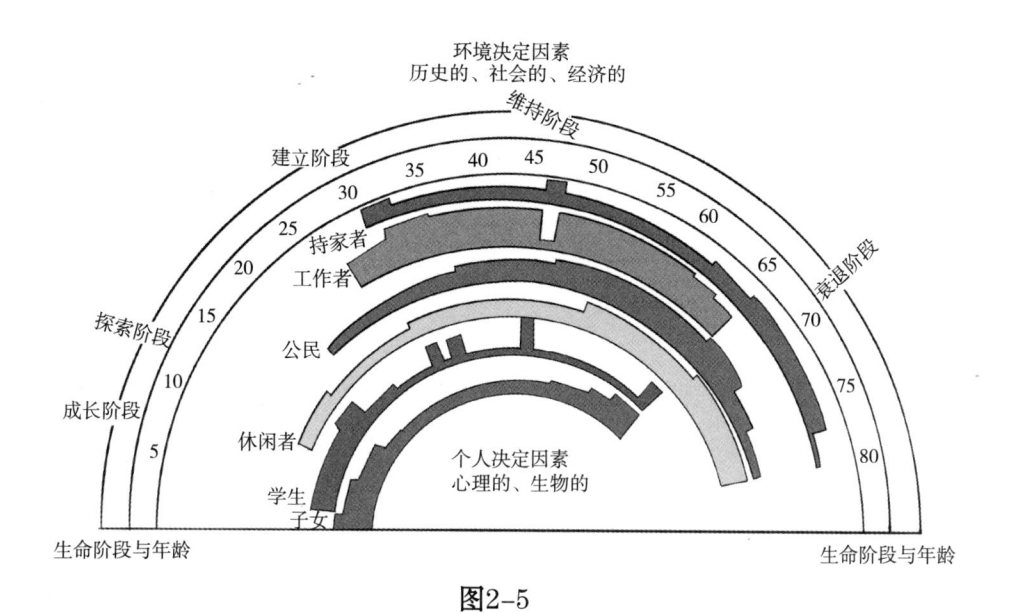

图2-5

生涯发展的五个主要阶段（图2-6，表2-15）：

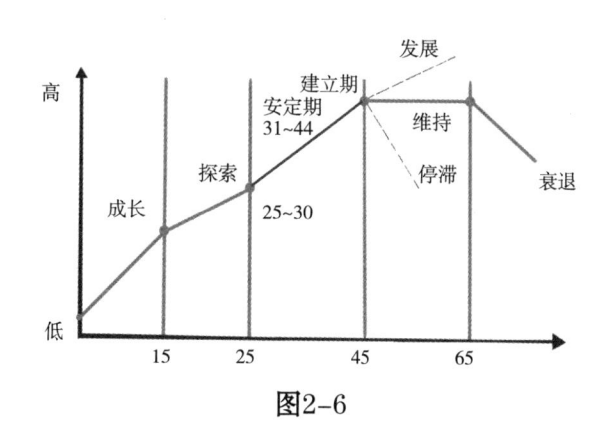

图2-6

表2-15

发展阶段	青春期 （14~25岁）	成人前期 （25~45岁）	中年期 （45~65岁）	成人后期 （65岁以后）
衰退期	嗜好的收敛	减少运动	注意养生之道	减少工作时数
维持期	考验目前的职业选择	使目前的职位安全	从竞争中寻求稳固	维持自得其乐的嗜好
建立期	进入一个主修领域	安心于一个永久的职业	发展新的技能	做以往想要做但一直没做的事
探索期	学会参考更多的机会	找到机会做自己想做的工作	找出困难，全力以赴	找一个好的养老处所

续表

发展阶段	青春期 （14～25岁）	成人前期 （25～45岁）	中年期 （45～65岁）	成人后期 （65岁以后）
成长期	发展实际的自我概念	学会和别人发生联系	接受自己的限制	发展与职业无关的角色

生涯体验

1. 描绘我的生涯彩虹

说明： 用不同的颜色来表示对每个阶段承担角色的投入程度，颜色面积越多表示该角色投入的程度越多，空白越多表示该角色投入的程度越少，不同的色彩代表角色的幸福感程度。每一个光谱中角色所对应的时间由你自己来规划，不同画笔的粗细代表角色的重要程度。如果你对某一个角色尚未认识，或者还没有规划，则用空白表示。

描绘步骤： 第一步：参照前面的生涯彩虹图，在我的生涯彩虹图中，先在最外围的弧上写上年龄，再在每两条弧线之间的间隔中写上六种不同角色的名称。

第二步：根据自己的现实和预想的将来状况，判断在某个年龄阶段，你要把主要的精力和时间放在哪个角色上。把该年龄阶段对应的角色弧线涂上某种颜色。

第三步：画完所有年龄阶段对应的所有角色的彩虹图后，分析一下自己在某些角色上投入的时间和精力是否符合自身的期望。

思考讨论： 将你的生涯彩虹图与同学们一起分享，看看你的彩虹图是否与别人的相同，说说别人的彩虹图对你有哪些启发？

讨论与分享

（1）未来10年在不同角色上，你想要完成的事情或目标：

学生：_____

休闲者：_____

工作者：_____

家庭：_____

（2）为了达成这些目标，现在的你准备做些什么？

学生：_____

休闲者：_____

工作者：_____

家庭：_____

2. 我的角色我做主

风浪袭击着你的小船，诸多沉重的箱子让你的小船不堪重负，为了减轻负担，你不得不丢掉一个箱子。你会先丢掉哪一个？又一阵风浪袭来，你不得不再次丢掉一个箱子，你的内心充满了挣扎，最后你会选择丢掉哪一个呢？为什么你会这样选择，请和大家分享并讨论。

在日常生活中，我们每个人都扮演着多重角色，如子女、兄弟、姐妹、朋友、学生等。在你所扮演的角色中，你认为哪三种角色是最重要的？请把他们分别写在船上的箱子上。如果你在大海中航行，这三个箱子是你最宝贵的财富。

总结：每个人的生涯都是独一无二的。生涯是贯穿我们一生的，从出生到死亡，从过去、到现在、到未来。生涯在本质上是持续一生的过程，它受到个人内在和外在力量的影响。

生涯的发展是一个连续不断的过程。从"生涯"在不同年龄发展阶段来看，它会呈现不同的角色。现在我们处于初中阶段，投入最多的是学生这个角色，完成这个阶段应该完成的事情，心无旁骛，这就是所谓的"在什么阶段做什么样的事"最好的体现，也是为将来发展打下最牢固的基础。分配好各种角色，规划好自己的人生。各种角色之间是相互作用的，一个角色的成功，特别是早期角色的成功，将会为其他角色提供良好的基础；反之，某个角色的失败会导致另一个角色的失败。这些角色不全是职业，但又都与职业活动有直接或间接的关系，角色意味着有其相应的核心任务。生涯规划可以引导我们更好地认识自己，不断学习与精进，提高职业能力，适应职业发展的要求，实现自我价值。

第2节 我的梦想之旅

每个人都有自己的梦想。对未来充满幻想和憧憬。梦想是我们每个人都拥有的一笔财富，心怀梦想，志存高远。梦想是需要规划的，美好的人生离不开好的规划。初中是人生中的一个重要时期，刚升入初中的学生对自己的未来感到迷茫，因此，对初中生进行人生的规划与职业教育，是进一步完善基础教育内容的重要举措。通过对梦想的设计，帮助他们更加理智地认识自己，并初步学会对自己的人生进行规划，有效地调动他们的学习积极性，激发学习潜能。

心理学家得出这样一个结论，当人们有了梦想，并能把自己的梦想与行动不断地加以对照，进而清楚地知道自己的行进速度与梦想之间的距离时，他们行动的动力就会得到维持和加强，就能够自觉地克服一切困难，努力实现自己的梦想。

拥有梦想是世界上最美好的事情，实现梦想是世界上最幸福的事情。拥有了梦想，就要努力去实现，接下来就让我们一起来努力，规划我们的梦想吧。

生涯体验

1.回忆我的梦想

活动步骤：（1）回忆自己不同时期的梦想。填在下面对应的线上。

幼儿园：_____

小学：_____

初中：_____

（2）在小组内交流你的梦想，并讨论为什么随着年龄的增长，梦想会变化？

_____

_____

2. 如何实现梦想

每个人都有梦想，梦想是人生的既定目标，是迈向成功的第一步，梦想为我们奠定了未来生活的方向，梦想是踏向人生征程的生涯目标。实现梦想，就要合理地规划生涯，把自己的综合能力与自己的未来结合在一起。

（1）要有理想（制定目标、计划执行、持之以恒）。

要实现自己的梦想，就要给自己每天制订一个计划，把大目标分解成各个小目标，每天完成一个，向着梦想的目标迈进，切记不可以三天打鱼两天晒网，坚持一段时间看不到效果就放弃了。所以，我们一定要坚持下去，不要轻易放弃。

（2）要自信，坚定理想信念。

人们一旦有了梦想，就应当坚定信念。排除一切困难甚至干扰，坚定不移地朝着梦想的目标去努力奋斗。不能因为有了困难和干扰就失去信心，轻易放弃。

（3）不怕挫折，迎接挑战（勇敢、坚强、挑战）。

在实现梦想的道路上，总是存在着各种艰难险阻，包括客观的、主观的、外部的、内在的困难和问题。我们要抓住重点、难点和疑点，借助多方面的智慧和力量，一步一步，积极主动地去攻坚克难，努力实现梦想的目标。要勇于面对失败。人的梦想并不是个个都能实现的。在某一梦想不能实现或失败的情况下，不要气馁，要对胜利充满信心，调整近期目标，不断前进！

3. 现在的我

小组交流分享，根据图2-7的提示，每人介绍现在的自己，其他同学补充介绍。坦诚面对，真心话大放送，听到大家对你的评价，你有什么样的想法和感受？

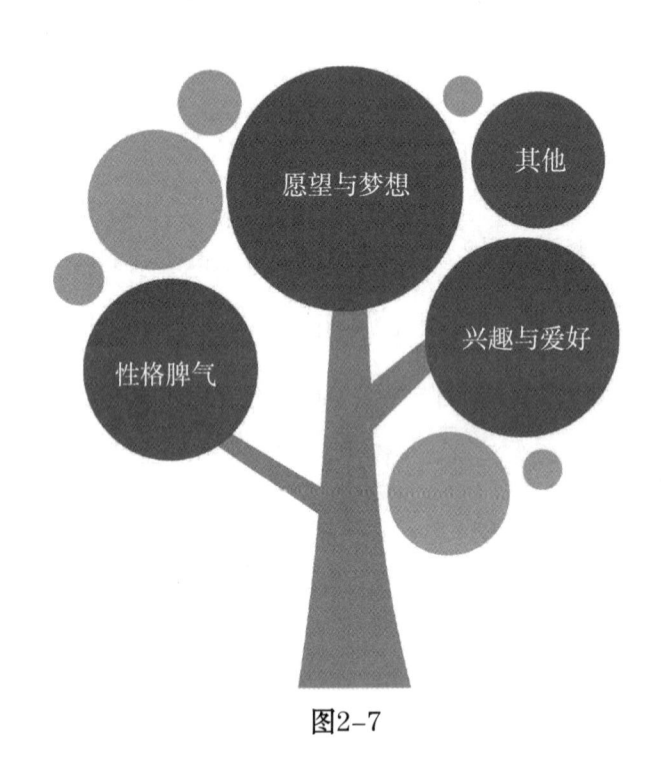

图2-7

4. 画画未来的我

让我们来画画未来的我吧。以小组为单位，交流畅想一下未来的我。

未来的我可能是一位游戏专家，我可以设计很多好玩的游戏，还可以让大家学到很多知识。

未来的我是一个钢琴家。

未来的我是一个昆虫学家。

5. 遇到未来的我

请大家选择一个舒服的坐姿，调整自己的呼吸，慢慢地吸气，再慢慢地呼气，体会气息在鼻翼轻轻摩擦的感觉。此时，你越来越轻松，越来越舒服，你仿佛回到了刚进入小学时的那一刻，你是什么样子的呢？是用什么样的眼光看着学校的一切？学校是什么样的呢？你见到的第一位新同学是谁？第一节课是什么课？在新环境里，你慢慢适应了快节奏的生活，开始和新同学交往，你仿佛来到了时光隧道，你穿过隧道来到了10年后，你和一些人一起爬一座小山，山路很好走，你们的心情很愉悦，你们来到山顶，向前看去，你看到了什么？再仔细地看一看眼前的景色是什么，请仔细体会此时的感受，并让思绪慢慢地回到课堂。

6. 画出自己的目标树

请大家在图 2-8 的目标树上画出自己的希望果实。这个果实是你此时此刻想到的任何你想实现的目标，在树的根部画出"努力"需要的资源、能量等，也可以用文字直接表达。

图2-8

将你的目标树、希望果实与同组的伙伴交流。

要想果实多而大，需要哪些条件？

做完这个画目标树的小游戏，你们有什么样的感受和想法？

生涯探索

展望初中三年

我的目标策略（表2-16）。

表2-16

内容	目标	达成的策略
身体发展		
心理健康		
兴趣培养		
能力发展		
知识储备		
选择专业		
未来职业		

为未来做准备

现在所有的一切都是为未来做准备的，请你说出其中的原因和理由。

第一，为什么我要学习？

第二，我考上好的高中，好的大学就有一个美好的未来吗？

第三，我现在发展自己的兴趣爱好和未来的职业有关系吗？

第四，我和自己身边的同学、朋友建立良好的关系，与未来的成功有关系吗？

第3节 写给未来的自己

带着关心和爱,带着感激和期望,按照下面的格式给未来的自己写几句话吧!

亲爱的×××:

今天,我尝试用今天的自己来看三年后的你,你还看到了五年后的你,感谢你一直以来对我的陪伴,现在我想真诚地对你说(你也平静地,静静地,欣喜地,激动地,温柔地)_____

_____

_____

_____

_____

_____

_____

_____。

最爱你的 ×××

××××年××月××日

第三篇　学业规划

　　学业规划是指学生对与其职业目标相关的学业所进行的安排和筹划。具体来讲，是指学生通过对自身特点（性格特点、能力特点）和未来社会需要的深入分析和正确认识，确定自己的职业目标，进而确定学业发展方向，然后结合自己的实际情况制订学业发展计划。学业规划是整个生涯规划的一个组成部分。

第一章　学业规划：开启学习动机

一切伟大的行动和思想，都有一个微不足道的开始。

——题记

第1节　树立正确的学习动机

生涯困惑

小强近来感觉自己身心乏力。他向老师诉说着自己的困惑，"最近不知道怎么啦，不想学习，也不想上学，常常生病，让家长跟老师请假，这样就可以至少半天不用上学了。"他感觉自己得逞了，下次还会这样。小强自己也知道要学习，但是怎么都打不起精神来。他很烦恼，不知道怎么办，也不知道如何做才能改变自己当下的状态。

请思考下面几个问题，并进行分组讨论与分享。

（1）小强的状态出现了什么问题？

（2）导致这种状态的原因是什么？

（3）他如何才能摆脱这种困境？

生涯测试

学习动机类型测试

请大家根据题目的内容自行完成并选择心目中的答案（表3-1）。

表3-1

题号	题目	选项	选择结果
1	在学校活动中给你提供两种角色，你会选择哪一个	A.主角，非常光彩，很多人注意你 B.一个不那么显眼的角色，但是会让你使用更多的演技	
2	如果你面临两种工作，你会选择哪一个	A.薪水高的一个 B.你真正喜欢的一个，即使报酬不高	
3	你正在从两门课程中做选择，你会选择哪一门	A.容易的课程 B.更有趣、更有挑战性的课程	
4	这一学期你最少要读一本书，你会选择哪一本	A.从老师给你的书目中选一本 B.一本你自己挑选的大约同样厚的书	
5	两个人都邀请你，你会选择哪个人	A.一个最受欢迎的人 B.一个更有趣味，但是不那么受欢迎的人	
6	你觉得自己从哪里学到的东西多	A.从你能够有所得的优秀的课程中 B.从你感兴趣的课程中	
7	在决定运动项目时，你会选择哪一种	A.在运动项目结束后，给最好的运动员颁发奖状的项目 B.自己觉得有趣的项目	
8	哪一种情况下你会感觉不错	A.打扫自己的房间，以便得到零用钱 B.因为愿意去打扫房间	
9	在你做决定的时候，什么对你比较重要	A.外在 B.意义	
10	一般来说，你对什么更感兴趣	A.数量 B.质量	

自评分析结果： 分数统计：A有____个，B有____个。

8个以上的A属于外部动机型，说明你很在意别人对你的看法。

8个以上的B属于内部动机型，说明你很在意自己的想法。

生涯名词

学习动机

学习动机指的是学习活动的推动力，又称为学习的动力。学习动机是推动学习活动的内在原因，是激励、指引学习的强大动力。其心理因素包括学习的需要、对学习必要性的认识及信念、学习兴趣、爱好或习惯等。从事学习活动除了要有学习的需要外，还要有某种满足这种需要的学习目标。由学习目标指引着学习的方向，可以称为学习的诱因。学习目标与学习的需要是学习动机的重要构成因素。

学习动机的类型

根据我国心理学工作者对10059名青少年的调查，我国各类学校中各年级男女学生的学习动机有4种类型，占比分别是：①学习动机不太明确的，占15%；②学习只是为了履行社会义务的，占18%；③学习为了个人前途的，占23%；④学习为了国家和集体利益的，占44%。

中学生的学习动机复杂多样，可以从不同的角度加以分类。

（1）按学习动机的内容、性质，可分为正确动机和错误动机。

（2）按学习动机的动力来源，可分为外部动机和内部动机。

（3）按学习动机与学习活动的关系，可分为直接动机与间接动机。

（4）按学习动机的地位、作用，可分为主导动机与次要动机。

（5）按需要的种类，可分为成就动机、尊重动机、交往动机等。

此外，学习动机还可以按动力源分为外部动机与内部动机。

外部动机：由个体外部诱因所引发的，如：想获得表扬与他人的认可，活动的动机不在学习任务本身，而是在学习活动之外。

内部动机：由个体内在需要引发的。如：对知识的渴望，对学习内容感兴趣，享受学习的过程。

学习动机与学习效果的关系

一、耶克斯—多德森定律

心理学家耶克斯和多德森的研究表明，各种活动都存在一个最佳的动机，水平动机不足或过分强烈都会使工作效率下降。

在一般情况下，动机越强烈，学习积极性越高，潜能发挥得越好，取得的效率也越大；与此相反，动机的强度越低，效率也越差。因此，学习效率是随着动机的增强而提高的。然而，心理学家耶克斯和多德森的研究证实，动机强度与学习效率之间并不是线性关系，而是呈倒U形的曲线关系。具体体现在：动机处于适宜强度时，学习效率最佳；动机强度过低时，缺乏参与学习的积极性，学习效率不可能提高；动机强度超过顶峰时，学习效率会随强度的增加而不断下降，因为过强的动机会使个体处于过度焦虑和紧张的心理状态，干扰记忆、思维等心理过程的正常活动。

上述研究还表明：在完成难度适中的任务中，中等动机强度的效率最高；在完成复杂和困难的任务中，偏低动机强度的学习效率最佳。

耶克斯—多德森定律表明，动机不足或过分强烈都会影响学习效率。

（1）动机的最佳水平随任务性质的不同而不同。在比较容易的任务中，学习效率随动机的提高而上升；随着任务难度的增加，动机的最佳水平有逐渐下降的趋势。

（2）一般来讲，最佳水平为中等强度的动机。

（3）动机水平与行为效率的关系呈倒U形曲线关系。

二、学习动机与学习效果的关系

1.学习动机与学习效果的关系不是直接的，而是以学习行为为中介的

通常，学习动机的作用和学习效果是统一的，学习动机可以提高学习效果，学习效果可以增强学习动机。例如，优秀的学生一般具有较强的动机水平，他们有追求的目标和学习的愿望，有浓厚的学习兴趣，有坚定的学习信心以及顽

强的毅力。这些动力作用促使他们积极地努力学习，并取得优良的成绩。另有一些学生，他们在学习中由于缺乏动力，不能克服困难，不能保持良好的注意力和主动学习的精神，学习效果也不好。

2. 学习动机和学习效果的关系并不总是一致的

在学习实践中学习动机强，但短时期内学习效果并不好，或学习动机弱，学习效果却较好的现象也存在。这是由于动机与效果不是直接关系，而是间接关系。也就是说，动机是以学习行为为中介来影响学习效果的。学习行为除了受学习动机的调节和控制外，它还要受学习基础、老师指导、学习方法、学习习惯、智力水平、个性特点、健康状况等一系列主客观因素的制约。比如，学习动机适当而短时期内学习效果不好的情况，可能是由于学习基础差、学习方法不对、没有养成良好的学习习惯，以及身体不好等原因造成的；学习动机不强，学习效果较好的现象，可能是由于这些条件较好所致。因此，只有把学习动机、学习行为、学习效果三者放在一起加以考察，才能看出学习动机与学习效果之间既一致又不一致的关系。

3. 学习动机与学习效果的一致与不一致

在学习动机与学习效果的关系类型中，有两种类型的学习动机与学习效果的关系是一致的，另外两种类型的学习动机与学习效果的关系则不一致。一致的情况包括学习动机强，学习积极性高，学习行为也好，则学习效果好（正向一致）；相反，学习动机弱，学习积极性不高，学习行为也不好，则学习效果差（负向一致）。

如何激发正确的学习动机

学习动机的三大功能分别是激发、维持、定向。培养学习的内在兴趣和动机对于我们的学习来说是非常重要的。那么，如何培养和激发学习动机呢？

首先，我们要了解自己，发掘自己的兴趣爱好。俗话说："兴趣是最好的老师。"一个人的兴趣爱好是激发进行各种活动的内部动力，也是人的积极性的重要来源。兴趣可分为直接兴趣和间接兴趣。直接兴趣是指由学习过程本身和知识内容本身直接引起的兴趣，如一本引人入胜的书，一堂有趣的课程等，这种兴趣往往是强烈的、稳定的；间接兴趣是指学习活动的社会意义和对学习活动的目的性的追求所引起的兴趣，它反映着社会性需要，如果学习者没有间接兴趣，将会丧失学习的决心和毅力。因此，要想激发自我学习动机，就要充分了解自身的兴趣爱好，找到适合自己的学习方向与方法，确立目标并以自己的方式达到。

其次，学会积极归因，形成有效的学习动机。所谓积极归因，即能够调动学习积极性的归因方式。根据成败归因理论，当成功时应多做稳定归因，失败时应多做不稳定归因，才有利于个体保持积极的行为动力。所以，当学习上遇到挫折时，要学会从失败情境中寻求可以改进的因素，即进行积极归因，从而力争获取下一次的成功。经常做这样的归因有助于恢复自信心，放松情绪，增强自我期望，从而产生强烈的学习动机。

最后，适当地自我惩罚与奖励，增强自我效能感。自我效能是个人对自己能否成功地进行某种成就行为的主观判断。它是个体自身潜能的最有影响力的主导因素，对控制与调节个体的成就行为，尤其是在个体面对困难时的态度和坚持性及策略的采用方面有着重要的作用。在学习中对自己的学习成果进行适当的奖惩，有利于及时激励鞭策自己，增强自我效能感，保持积极、客观的态度对待并改正和进步。

此外，通过掌握合理的学习策略、确立学习目标等方式也能有效地激发自我学习动机。总之，自我学习动机的激发方法要靠自己去发掘和寻找，我们必须培养自身良好的学习动机，养成自主学习的良好习惯，只有这样才不会与日益发展的社会脱轨。

生涯训练

给自己的学习动机打分

请大家独立思考下面的问题。

（1）根据自己的情况，按照1～9分给下列动机打分，也可以把自己的动机写在"其他"项里。

（2）小组讨论，选出大家打分高的前三个动机。全班讨论，这些打分高的动机是如何给你动力的。

（3）打分说明：给最高的、持续时间最长的动机打9分，不能产生动机或持续时间最短的打0分，中间部分酌情打分。具体见表3-2。

表3-2

序号	动　机	得　分
1	受到老师表扬	
2	让家长高兴	
3	学习过程很快乐	
4	为中华之崛起而读书	
5	上个好高中，考个好大学	
6	以后找个好工作	
7	好名次带来成就感	
8	让自己更博学	
9	有好的人际关系	
10	其他	

点燃你的学习兴趣

初中课程的实用性和趣味性很强，如果每个科目都认真学习，不但会有很大的收获，而且特别有意义。

小组讨论各个学科涉及生活中的哪些方面，对我们有哪些实际用途，培养了哪些能力，以及学好了这门学科，将来有可能从事哪方面的工作（表3-3）。

表3-3

学科	生活用途	培养的能力	相关职业
语文			
数学			
英语			
物理			
化学			
生物			
地理			
历史			
思想品德			

第2节 一切尽在我的掌握之中：制订学习计划

古人言："凡事预则立，不预则废。"做什么事有了计划，执行起来就容易取得好的结果，反之则不然。学习也一样，如果没有学习计划，你的学习效果会大打折扣。被动和无目的地学习、毫无计划地学习是散漫疏懒、松松垮垮的，很容易被外界的事物所影响。因此，制订一套科学可行的学习计划是十分重要的。

生涯困惑

小明觉得自从上了初中，时间明显不够用了。作业看上去不多，但是每天都要写到半夜，不知道时间都去哪儿了。在学校的时候也觉得天天特别忙，但也不知道在忙什么，学习效率特别低，总是明知道有很多事要做，但又不知道该干什么，每天过得迷迷糊糊的，像一团乱麻，学习成绩也是一落千丈。

看完小明的故事，请大家思考以下几个问题。

（1）小明为什么经常感觉到时间不够用，他的时间都到哪儿去了？

（2）他为什么会产生这样的困惑？

（3）他的经历给你的启示是什么？

生涯测试

时间管理测试

根据自己的实际情况，回答下面的问题，符合的，答"是"；不符合的，答"否"。答"是"得1分，答"否"得0分。

（1）你做事情会事先做计划，并注明轻重缓急吗？（   ）

（2）你面对一大堆问题时，是否感到束手无策？（   ）

（3）你认为自己常常能把最关键的事情处理好吗？（   ）

（4）你是否享受生活中的许多乐趣？（   ）

（5）你能否将自己的时间分配在做感兴趣的事情上？（   ）

（6）你是否长期将时间用在自己并不感兴趣的事情上？（   ）

（7）你可以把工作安排给其他人员来做，并让他们各负其责吗？（   ）

（8）你有足够的时间来尽情享受人生吗？（   ）

（9）你常常花时间与自己并不喜欢的人相处吗？（   ）

（10）你能腾出足够的时间来陪伴家人和朋友吗？（   ）

（11）你是否常常感到自己浪费了许多时光？（   ）

（12）你能将足够的时间留在自己的兴趣上吗？（   ）

（13）你能同时做两件事情吗？（   ）

（14）与你的朋友相比，你比他们更忙碌吗？（   ）

（15）你会花许多时间去做自己并不喜欢的事情吗？（   ）

评分： 9分以上：你能够目光敏锐地发现对自己来说最重要、最有意义、最紧迫的事情，并且可以毫不犹豫地逃离琐碎的小事，给自己定目标、下任务，你每天的生活基本上是良性循环。

4~8分：你对应该优先重视的事情有一定的了解，也努力应对，争取更高效率地生活。但是在整个事情的处理过程中，你还不能准确地把握什么是起关键作用的因素。

3分以下：你还没有建立起高效能的时间观念。你的生活节奏比较缓慢，缺少动力，你需要注意，在有限的时间里获得更高的价值。请从这两方面努力：养成良好的习惯和建立实效观。

通过时间管理测试，在小组内分享。

（1）你是一位懂得时间管理的小主人吗？

（2）如果不是，你觉得你应该如何做好自己的时间管理？

生涯调查

人生目标调查（表3-4）

表3-4

人数占比	初始状态（25年前）	终末状态（25年后）
27%	没有目标	生活在社会的底层，生活过得极其不如意
60%	目标模糊	生活在社会的中下层，虽然衣食无忧，但也没有突出的成就
10%	有清晰但比较短期的目标	生活在社会的中高层，生活稳步提升，成为各行业不可缺少的专业人才
3%	有清晰且长远的目标	几乎都成为各自领域的成功人士

美国哈佛大学曾进行过一个长达25年的实验研究，他们在一群智力与年龄、学历、环境等客观条件相近的年轻人中进行了一次关于人生目标的调查。调查发现：他们当中27%的人没有目标；60%的人目标模糊；10%的人有清晰但比较短期的目标；3%的人有清晰而长远的目标。25年之后，没有目标的人：他们几乎都生活在社会的最底层，他们的生活都过得很不如意，常常失业，靠社会救济，并且常常抱怨他人，抱怨社会。目标模糊的人：几乎都生活在社会的中下层，他们能安稳地生活与工作，但都没有什么特别的成绩。有比较清晰的短期目标的人：大都生活在社会的中上层。他们的共同特点是，那些短期

目标不断地被达成，生活质量稳步上升，他们成为各行各业不可缺少的专业人士，如医生、律师、工程师、高级主管等。有十分清晰的长期目标的人：25年来几乎都不曾更改过自己的人生目标，他们始终朝着同一个方向不懈努力，25年后，他们几乎都成了各自领域的成功人士，他们中不乏白手起家的创业者、行业领袖、社会精英。正如美国一句著名的谚语所说："当一个人知道自己想要什么时，整个世界将为之让路。"所以要想成功，首先要有一个清晰的长远目标。

第3节　制订学习计划：一定要懂得时间管理

时间管理是指通过事先规划和运用一定的技巧、方法与工具，实现对时间的灵活以及有效运用，从而实现个人或组织的既定目标的过程。

一个人能否在自己的学习生涯中取得成功，秘诀就在于做好时间管理。所以在国外，早就出现了时间管理学。管好自己，就是最高的管理。托马斯·爱迪生说过："世界上最重要的东西是时间。"美国著名的管理大师杜拉克说道："不能管理时间，便什么也不能管理；时间是世界上最短缺的资源，除非严加管理，否则就会一事无成。"这说明了时间管理的重要性。对于中学生而言，懂得时间管理是提高学习效率的关键因素之一。

生涯体验

1.宝贵的1分钟

活动步骤

（1）小组内讨论1分钟可以做什么事，之后在班内分享。

（2）完成下题并分享自己的计划。

我 1 分钟可以跑＿＿＿＿＿米？如果我每天坚持跑步 20 分钟，可以让我收获什么？

我 1 分钟可以跳绳＿＿＿＿＿下？如果我每天跳绳 10 分钟我就可以获得什么？

我 1 分钟可以背＿＿＿＿＿个单词？如果我每天坚持背 10 分钟的单词，我可以获得什么？

我 1 分钟可以＿＿＿＿＿，如果我每天坚持，我会收获什么？

2. 如何做好时间管理

很多人忙忙碌碌一天，到了晚上发现好多事情都没有完成，为什么呢？问题就在于个人对时间管理的技巧和学习效率的把握。那么，如何做好时间管理，成为一个高效率的人呢？

（1）制订合理的目标。按照自己的能力、时间、可行性等因素制订，并保证目标的完成。按照轻重缓急依次安排学习任务。将你的精力花在做重要的、有价值的事情上。

（2）养成制订计划的习惯。当一个人养成制定目标、完成计划的习惯时，他已经赢得了成功的一半。我们可以在学习、生活、休闲、旅游等活动中养成制订计划的习惯。

（3）提高效率。有时间的约束，效率会更高，例如可以在等车、坐公交车的时间里读书、听有声书来完成自己的读书计划，回忆和总结课堂上讲过的知识点等。

（4）善于利用碎片时间。鲁迅先生曾经说过："哪里有天才，我是把别人喝咖啡的时间都用在写作上了。"有目的、有计划地利用好碎片时间，会有很多收获。

（5）敢于拒绝。按计划执行，对于临时的变化与诱因敢于说"不"，要学会舍弃一些不重要的事情，集中精力做好重要的事情，保证计划的完成。

时间就是金钱，时间就是生命。节约时间，善待生命，做时间的主人。

3.时间管理"四象限法则"

时间四象限法则是美国管理学家科维提出的一个时间管理理论。该理论把工作按照重要和紧急两个不同程度进行划分，把时间管理分为"四个象限"：既紧急又重要、重要但不紧急、紧急但不重要、既不重要也不紧急。

第一象限：既紧急又重要。

我们把既紧急又重要的事情放到第一象限中，第一时间处理第一象限里的事情，这些事情是不能拖延和回避的，安排一个最高级别的优先级。

第二象限：重要但不紧急。

第二象限也是一些重要的事情，但与第一象限比较而言，在时间上没有那么紧迫，这里给它们安排一个次高级别的优先级。

第三象限：紧急但不重要。

第三象限是紧急但不重要的事情。时间浪费主要就是在这个第三象限。时间管理的要点就是注重这些平时不在意的问题。紧急的事情不一定重要，比如刚吃晚饭，同伴就喊着去打球。这些事情往往很紧急，我们不知不觉间把大量的时间浪费在里面了。

第四象限：既不重要也不紧急。

第四象限是既不重要也不紧急的事情，很多是生活中的琐碎杂事，比如刷朋友圈、刷抖音等，这种时间往往是碎片化的，不能集中去处理事情。时间管理就是要把这些碎片化的时间利用起来。时间对于每个人都是公平的，不是你没有时间，而是我们无形之中把它浪费掉了。

我们结合时间管理的四象限分析法，新建四个不同的分支主题，然后把事情按照重要性、紧急性分类后，输入对应的主题之中，按下面的原则进行自我检查，最后对输入待办的事情进行有序处理。

如果你第一象限里的事情很多，从侧面可以看出时间管理有缺陷，或是处理效率不高，应设法减少第一象限里的事情，并思考如何结合思维导图分析法提高工作效率。

关注第二象限的事情。造成第一象限事情很多的主要原因是第二象限事情的处理存在问题，我们应设法减少第二象限的待办事情。

第三象限紧急但不重要的事情，我们可以通过授权，让其他人帮忙处理。

第四象限的事情是既不重要也不紧急的，能不做的尽量不做。

从现在开始，管理你的时间，提高学习效率吧。

生涯训练

分分类

请把下面的事情按照轻重缓急分类（表3-5）。

①考试前的准备工作；②打游戏；③看本好书；④生病需要看医生；⑤闲聊；⑥锻炼身体；⑦练习书法；⑧写作业；⑨发呆；⑩养成有益身心的习惯；⑪挑选餐厅；⑫上网；⑬为了迎合别人好感而做事；⑭花费很长时间沟通一件小事。

表3-5

紧急又重要
重要但不紧急
紧急但不重要
既不重要也不紧急

时间管理：番茄工作法

番茄工作法是由意大利人弗朗西斯科·西里洛于1992年创立的一种简单易行的时间管理方法。

练习步骤：（1）选择一个待完成的任务。

（2）将番茄时间设为25分钟，并设定计时器。

（3）25分钟内专注工作，中途不允许做任何与该任务无关的事，直到番茄时钟响起。

（4）休息5分钟后，进入下一个番茄时间，每4个番茄时段休息25分钟。

使用番茄工作法的三条原则：

第一，在你要做的事情中，选择一项最重要的工作，作为你当前的工作。

第二，设定一个25分钟的倒计时，作为你的工作时间。

第三，工作25分钟后，休息5分钟，这5分钟你必须完全放下工作，可以去喝口水、听听音乐或者休息一会儿，总之要真正地去休息。

如此循环，你就掌握了番茄工作法最核心的要点。

制订你的番茄时间

今天是周末，针对你的学习任务，制订一下你的番茄时间吧。注意任务一定要具体（图3-1）。例如，做数学练习册上的数学题，默写语文古诗两首，背诵英语第五单元单词等。

第一个番茄时间	第二个番茄时间	第三个番茄时间	第四个番茄时间	第五个番茄时间	第六个番茄时间
学习任务	学习任务	学习任务	学习任务	学习任务	学习任务

图3-1

我的番茄时间（表3-6）。

表3-6

番茄工作时	完成时间	完成的学习任务
1		
2		
3		
……		

推荐书籍：《把时间当作朋友》《番茄工作法图解》

推荐学习榜样人物：富兰克林

制订学习计划的步骤

第一步：列出每日必须进行的各项活动。如，上课、做作业、睡眠、吃饭、体育锻炼……

第二步：根据自己现在的生活习惯，安排好各项活动的基本顺序。如，起床、洗漱、早餐、上课……

第三步：测算各项活动的时间长度。你可以观察和记录自己近期做每一件事情所花费的平均时间并将其作为参考。

第四步：根据劳逸结合、交叉安排、高效学习的原则，调整各项活动的顺序和学习时间。

第五步：根据效果再调整作息时间表。

"四定学习法"：在学习之前就做好"四定"的短期计划，可以提高效率。即定向（学什么）、定量（学多少）、定时（花多少时间完成）、定法（怎么学）。

"限时、限量"：为了提高在家的学习效率，可以参照学校作息时间表，把学习时间规划成"上课"和"课间"两部分，以闹钟为铃声。这是"限时、限量"学习，既能调动积极性和紧迫感，又能提高时间利用率，还能劳逸结合。

总的来说，制订学习计划、作息时间表相对简单，却需要足够的信心与毅力去完成。希望你能够找到适合自己的学习计划，坚持下来，不放弃！

第4节 让学习的车轮转起来：培养良好的学习习惯

学习习惯是在学习过程中经过反复练习形成并发展，最终成为一种个体需要的自动化学习行为方式。

养成良好的学习习惯，有利于激发学习的积极性和主动性；有利于形成学习策略，提高学习效率；有利于培养自主学习能力；有利于培养学生的创新精神和创造能力，使自己终身受益。

生涯困惑

张明是一名初一的学生，最近成绩下滑严重。在小学时候，他就有一个不好的习惯，做事拖拉，生活上如此，学习上也是这样。比如，做同样的作业，别人半小时可以完成，他则需要更多的时间；上自习课，明明可以有效地利用时间完成老师布置的作业，但他偏要等到回家后再做。回到家后又管不住自己，吃零食，看电视……没有时间观念。周末的作业不到周日晚上是绝不开始写的。不过因为小学的学习内容较为简单，即便如此，张明也依然能取得不错的成绩，但到了初中，随着学习生活节奏的加快，问题就明显了，学习效率低，写作业的时间越来越长，开始熬夜，早上起不来，做事事倍功半，学习成绩每况愈下。这些问题困扰着他，想改又无从下手，张明苦恼极了……

点评：学习成绩的好坏，不仅与个人的智力水平有关，也与学习习惯有密切的关系。良好的学习习惯是一种良好的非智力因素，是学生必备的素质。习惯在人的一生中是很重要的，而学习习惯不仅影响着我们的学习，也会对日后的学习效果和工作有很大影响。

学习习惯体现在我们日常的学习和生活中，如果没有养成良好的学习习惯，就不可能获得成功。养成良好的学习习惯，对于我们来说是十分必要的。它不仅能加快我们的学习进度，而且能够提高我们的学习效率，让我们的学习更加有质量。因此，我们必须培养良好的学习习惯。

生涯测试

学习习惯自测

请按照你平时的实际情况如实回答下列问题，并在表3-7内填"是"或"否"。

表3-7

问题	是或否
1.你通常比较容易进入学习状态吗	
2.你喜欢看电视胜过喜欢看书吗	
3.对每天的学习和生活有一个总体安排吗	
4.上课时你能做到专注吗	
5.你学习或做作业时能保持端正的姿势吗	
6.你常常迟到吗	
7.你是否经常忘了带所需的课本、笔等学习用品	
8.当你在学习中遇到了无法解决的问题，是否会询问老师或同学	
9.你总是在完成作业后才做其他事情吗	
10.你是否常常到临考前一个晚上才对要考的几门课程进行突击	

分数统计及结果分析：第2、6、7、10小题答"是"，记0分，答"否"，记1分；其余各小题答"是"，记1分，答"否"，记0分。

0～3分：你的学习习惯好像有些问题，要加油了！

4～7分：你有一些比较不错的学习习惯，但仍有一些习惯需要改善。

8～10分：你的学习习惯非常好，继续保持！

生涯训练

好习惯 21 天完美计划

好习惯承诺卡

经过慎重的考虑,我准备尝试 21 天完美计划,并承诺将尽自己最大的努力坚持下去。我想要养成的好习惯是:_____、_____、_____……

在养成好习惯的过程中,我可能遇到的问题有:_____、_____、_____……

我将克服困难,我邀请_____做我的监督人,提醒我每天坚持!

承诺人:

21 天完美计划,见表 3-8。

表 3-8

天数	想对自己说的话	总体评价	反思与奖惩	天数	想对自己说的话	总体评价	反思与奖惩
1				10			
2				11			
3				12			
4				13			
5				14			
6				15			
7				16			
8				17			
9				18			

续表

天数	想对自己说的话	总体评价	反思与奖惩	天数	想对自己说的话	总体评价	反思与奖惩
19				21			
20							

克服拖延

所谓拖延,就是缺乏对自我的管理,从情绪到时间。从行为心理学的角度出发,美国南康涅狄格州立大学的心理学系教授詹姆斯·马则认为,拖延是"与自我控制对立的冲动"的特殊形式。拖延症是指非必要、后果有害的推迟行为,就是"将之前的事情放置明天"。拖延症总是表现在各种小事上,但日积月累,特别影响学习与工作效率。

活动步骤: 第一步,在纸上写下你最典型的拖延现象,举个例子即可。

第二步,把纸条放在小组中间,共同讨论克服拖延的办法。

第三步,认领一名同学,在他的纸条上写下你的名字。在一周内,你负责监督他改掉做这件事情拖延的习惯,相互监督,共同努力。

我的拖延清单

最大的拖延是在_____个方面,表现是_____。

我决定从做到_____开始,改掉我的拖延。

监督人:

如何培养良好的学习习惯

我国当代教育家叶圣陶曾指出:"什么是教育?一句话,就是要养成良好的学习习惯。"首先我们想到的是如何培养良好的学习习惯,一个人养成了良好的习惯,对自己的生活、学习和工作都大有好处。良好的学习习惯是顺利进行学习活动的保证。培养学生良好的学习习惯和高尚的道德情操,应从"大处着眼,小处着手",在一举一动、一言一行中逐渐养成。良好的习惯一旦养成,将会成为一生受用的宝贵财富。那么,怎样培养良好的学习习惯呢?

第一,要从细节开始,持之以恒。养成良好的学习习惯,必须从细节开始,《道德经》中有这样一句话:合抱之木,生于毫末;九层之台,起于垒土;千里之行,始于足下。必须注意从一点一滴的小事抓起。习惯是经过重复练习而形成的自动化了的行为动作,它不是一朝一夕就能形成的,而是有一个过程,要养成良好的学习习惯,需要不断强化,需要持之以恒地渗透。久而久之,习惯就自然形成了。

第二,要激发兴趣。兴趣是求知的内在动力。激发起学生的兴趣,他们的学习就会积极主动,学得轻松而有成效。但是学习兴趣不是天生的,激发兴趣就是要把已经形成的潜在的学习积极性充分调动起来。

第三,培养学生的自信心。自信心对健康成长和各种能力的发展,都有十分重要的意义。要以肯定与坚信的态度对待学习,在心灵深处意识到:别人能做到的,我也能做到。"相信自己行,才会我能行……"增强学生的自信心。

第四,帮助学生养成认真做作业的习惯。据有关资料统计:89.6%的同学认为自己作业中出现错误的主要原因是粗心大意;28.05%的同学在做作业时没看清题目要求就开始解答了;还有3.2%的同学常常不能按时完成作业。这些不良的习惯很大程度上影响了学生思维的发展、影响了进一步探究的能力。培养认真做作业的习惯,不仅是培养优良道德品质的需要,也是帮助依靠自己的劳动获取知识、掌握能力的关键措施,对人格和自主能力的形成有很重要的意义。

第五,培养学生勤思好问的学习习惯。勤思好问学习习惯的养成是学生深刻理解和掌握知识的需要,同时也是培养和训练思维能力的重要途径。保持强烈的好奇心，激发学习兴趣，养成勤于思考的良好习惯。

第5节　我会学习：学习方法

所谓学习策略与方法是指在学习情境中，我们对学习任务的认识，对学习方法的调用和对学习过程的调控。对学生来讲，学习策略是学习执行的监控系统。学生使用学习策略的主观愿望是为了用较少的"能源消耗"，有效地实现学习的目标。

生涯困惑

浩浩是一名初中一年级的学生。在小学时成绩很不错，而且学得很轻松，但进入初中后，他怎么也找不到学习的感觉。接下来听一下浩浩、浩浩妈妈和老师的讲述。

浩浩说，每天上课我都认真听讲，可回家做作业时，题型稍微有一些改变就不会做。最头疼的是英语学习，每一课都有那么多的单词要记，每天都要花上至少40分钟记单词、背句子。可是第二天，却依然考试不及格。他觉得自己已经尽力了，可分数一次又一次地让他失望。

妈妈说，他每天做作业都要到晚上11点左右，我陪着他都觉得有点吃不消，看着他是一直在学习也没闲着。同班其他同学有的在晚上9点左右就能完成作业了，而他怎么这么慢呢？

老师说，他平时认真听课，作业也很认真，可是考试成绩却不如意。其他任课老师也反映，浩浩学习态度的很端正、很认真，但成绩却一般，学习方法上需要改进。

请大家思考以下几个问题。

（1）浩浩学习很努力，为什么学习成绩上不去？

（2）你在学习中找到正确的学习方法了吗？

生涯测试

学习方法自测

请按实际情况，用"是""不一定"或"否"回答下列问题。

（1）你只学习书本知识吗？（　　）

（2）你对书本的观点、内容从来不加怀疑和批评吗？（　　）

（3）除了小说等一些有趣的书外，你对其他理论书根本不看吗？（　　）

（4）你读书从来不做任何笔记吗？（　　）

（5）除了学会运用公式定理，你还知道它们是如何推导的吗？（　　）

（6）你认为课堂上的基础知识没啥好学吗？（　　）

（7）你能够经常使用各种工具书吗？（　　）

（8）上课或自学时你都能聚精会神吗？（　　）

（9）你能够见缝插针，利用点滴时间学习吗？（　　）

（10）你常找同学争论学习上的问题吗？（　　）

计分规则与分数说明： 第1～第4题、第6题回答"否"表示正确；其他问题回答"是"表示正确。正确地计10分，错误的不计分，回答"不一定"的题目都计5分。最后计算总分。

总分85分以上，学习方法很好。

总分65～80分，学习方法良好。

总分45～60分，学习方法一般。

总分40分以下，学习方法较差。

生涯名词

学习方法

学习方法是通过学习实践总结出的快速掌握知识的方法。方法建立在实践经验的基础上，因人而异。就像工具一样，每个人都有自己擅长使用的工具，懂得使用适合自己的工具，可以提高学习效率。

如果只有刻苦努力的精神和脚踏实地的作风，而没有正确的方法，是不能取得成功的。学习方法策略没有通用的，最主要的是找到适合自己的学习方法。

好的学习方法的重要性

工欲善其事，必先利其器。我们要做好一件事，很重要的一点是要拥有精锐的工具，具备适当的方法和手段，因此掌握好的学习方法是非常重要的。很多同学往往是一味地埋头苦学，却忽略了学习方法的重要性，好的学习方法有哪些重要性呢？

1. 能够提高学习效率

学习效率是学习快慢的表现形式。学习效率，就是在有限的学习时间里获得最好的学习收获。专注力要高，就是能够长时间专注于学习，不会被外界环境所影响。在一定的时间里学懂多少东西，这就是效率。不只是学习，还有很多事情都应讲求效率。在学习中要不断总结、不断分析，还要不断地找到自己的缺点，结合这些慢慢地提高自己的学习效率。

2. 能够提升学习能力

学习能力就是指学习的方法与技巧，它是所有能力的基础。一个人的学习能力往往决定了一个人竞争力的高低。学习能力是人的能力的一部分，也是非常重要的部分。对于学生来说最基本的学习能力就是听、说、读、写、计算、思考等学习课业的能力。这几种学习能力所涉及的心理过程十分复杂，包括感觉运动能力、知觉、语言、思维、自我监控。这些能力在人的学习过程中是不断发展的，而且在不同的阶段具有不同的特点和重要性。比如，感觉运动能力是一个智能发展的基础，如果在这个时期，感觉运动能力发展滞后，不仅会造成孩子动作不协调，动作模仿力差等问题，而且容易对学习造成很大的阻碍。

3. 能够掌握学习核心

学习的核心就是找到事物表面现象下的本质规律，只有找到规律，才可以被模仿与复制，效率才可以提高。学习的核心在于思考各种学习方式，其本质都是在引导我们去思考或者强迫我们去思考。因为学习过程中只有思考了，才会产生自己的理解、自己的观点，掌握事物变化的本质，这样才可以做到学以致用。

4. 能够强化学习自信

学习自信就是指学生相信自己通过努力能提高学习成绩的一种心理品质。一个对学习充满自信的孩子能够唤醒学习热情、激发学习兴趣、挖掘身心潜能、主动克服学习困难、全神贯注地学习，因而学习效率高，学习效果也很好。反之，一个对学习没有信心的孩子在学习时会松松垮垮、拈轻怕重、畏首畏尾、半途而废，因此学习成绩就很难提高。学习自信是学生不可缺少的学习品质，具有良好的学习自信是完成学习任务、提高学习成绩的前提。

找到学习的最佳路径——了解自己的学习风格

学习风格是指人们在学习时所具有的或偏爱的方式。换句话说，就是学习者在研究和解决其学习任务时所表现出来的具有个人特色的方式。

学习风格又称为认知模式，是促进学生学习、解决问题、处理资讯的方法。不同学习风格的学生在认知、理解与学业上相对地也不尽相同。老师可以依据个人的学习风格施以适性的教育。

认知学习风格

每个人都习惯于用某种感官去感受世界，有的人靠眼睛观察这个世界，有的人靠耳朵聆听这个世界，而有的人用皮肤感受这个世界。因此，人的学习风格类型是有差异的，进而形成各自不同的学习偏好。把握好自己最优势的学习类型，对提高学习效率有很大帮助。

对于学生而言，每个人都有自己所喜欢的学习方式，了解你自己的学习偏好，将有助于了解你在学习上的表现，并且能够作为你提升学习效能的参考。心理学有关研究表明，学习风格类型有五种：眼到型、手到型、耳到型、心到型、口到型。

根据表3-9中列出的五种学习风格类型的表现，看看你属于哪一种学习风格类型。

表3-9

学习风格类型	在学习中的主要表现与建议
眼到型	表现：1.以看为切入点，通过看的方式接收学习信息与记忆 2.容易受看的感官影响，造成注意力分散的问题 建议：在家庭学习中提供独立的空间，并且学习环境不应当有太多视觉冲击性的影响（如电视与手机及色彩与图像太多的绘本同一时间摆放在学习环境中）
手到型	表现：1.喜欢触摸、动手写练来进行学习与记忆 2.学习中小动作多 建议：关注学习中的方式，可以动静结合，在动中学习，学习时间不宜过长，玩一玩、学一学，学习的效果会更好
耳到型	表现：1.爱听，不爱说，通过听的方式进行学习与记忆 2.学习中对外界环境的要求较高，要相对安静不受声音干扰影响，保持安静的环境与独立的学习空间 建议：1.学习时不应当打开电视或玩手机 2.通过多媒体的方式学习是最好的学习方式 3.把握在上课时的关键时间进行记忆与学习的效果会更好 4.一对一辅导对学习更有帮助

续表

学习风格类型	在学习中的主要表现与建议
心到型	表现：1.进入学习的状态较慢，在学习前需要更多的思考时间 2.自学能力强（爱以自己的思考方式接收学习信息） 建议：1.学习中先理一理思考的内容，更容易进入学习状态 2.在思考中不宜有太多的干扰
口到型	表现：1.爱说，爱讲，通过讨论的方式学习 2.上课爱说话，话特别多 3.聆听的持久性不够 建议：1.通过朗读的方式帮助记忆 2.家长通过提问互动的方式帮助孩子学习与记忆

如何掌握科学有效的学习方法

（1）首先学会给自己定目标（大、小、长、短），这样学习会有一个方向；其次梳理自身的学习情况，找出自己的薄弱环节、存在的问题、容易丢分的知识点；最后合理地分配时间，有针对性地制订学习任务，一一去落实。

（2）可以学习掌握速读记忆的能力，提高学习和复习效率。速读记忆是一种高效的学习、复习方法，其训练原理就在于激活脑、眼潜能，培养形成眼脑直映式的阅读、学习方式。速读记忆的练习训练可用软件进行，每天一个多小时、一个月的时间，可以把阅读速度提高五六倍，记忆力、理解力等也会得到相应的提高，最终提高学习、复习效率，取得好成绩。

（3）学会整合知识点。将需要学习的信息、掌握的知识进行分类，做成思维导图或知识点卡片，会让你的大脑、思维条理清晰，方便记忆、温习、掌握。同时，要学会把新知识与已学知识联系起来，不断糅合、完善你的知识体系。这样能够促进理解，加深记忆。

（4）做题的时候要学会反思、归类，整理出对应的解题思路。遇到做错的题（粗心做错也好，不会做也罢），最好能把这些错题收集起来，每个科目都建立一个独立的错题集（错题集要归类），考前复习的时候，它们是重点复习对象，保证不在同样的题目上再出错、再丢分。

学会学习是中学生必须具备的核心素养之一。初中阶段与小学相比，学习科目明显增多，学习内容更为丰富。一片崭新的学习天地展现在面前，等待我们用勤奋和智慧去探索与收获。我们要展现出新的学习风貌，变"要我学"为"我要学"，在课堂上积极思考，大胆发言，主动参与各种实践活动，和老师、同学一起探讨问题，解决问题，享受学习的快乐。

初中生的科学学习方法

上初中以后，我们将学习大量的、重要的科学概念、规律、能力和科学素养，而这些概念、规律、能力和科学素养，是解决各类问题的基础，是探究物质世界的基本素养，因此要培养科学的学习方法，应力求做到以下四点。

1. 预习

所谓预习就是在老师讲课之前，自己预先学习，这是主动学习的第一步，也是高效课堂的基本前提。预习可以培养自学能力和独立思考能力，增强听课的针对性，提高学习效率。学生对要讲的课事先进行自学，比如了解文章作者及写作背景，明确课文的学习目标，自学课文中的生字新词，将疑难问题记录下来，你可以写下在阅读中发现的要点、疑点、评注、心得等，做好预习笔记。预习笔记尽量简洁，重在记下你在预习中发现的问题和自己的见解，以便在课堂上得到解决和印证。

2. 上课

要集中注意力，全神贯注地听老师讲解，跟着老师的讲课思路走，目的在于把老师讲课过程中运用的各种思维方式和思维过程弄清楚。听课中可以尝试在老师没有做出判断、结论之前，自己试做判断、试下结论。看看自己想的与老师讲的是否一致。找出对与不对的原因，力求当堂理解。理解是掌握事物本质、内部联系及规律的思考过程，并在老师的启发下，积极思考。如果在思考中出现不理解或理解不透的地方，应举手提出问题。要抓住一节课的知识内容和学科特点的关键，提高学习效率。

3. 做作业

先备考后做作业，用心审题、细心做题、仔细检查作业，这是学生做好作业的几个关键点。要想进一步提高作业的质量，还要做好以下几件事：一题多解，一题多想；对习题加以比较并进行分类；更正错题；习题要做得工整、简明、条理清楚等。作业完成得好坏是检验我们是否真正掌握学习知识转化与运用的能力。

4. 复习

复习的首要任务是巩固和加深对所学知识的理解和记忆。科学实验表明，人们记忆学习内容后，在3～7天内遗忘得最快。一般来说，在9小时以内，趁着头脑里还有一些记忆痕迹时，花10分钟复习的效果比在每天或10天以后花几小时复习的效果还要好。复习时应注意掌握好复习时机。复习的最佳时机，要根据个人的学习习惯，根据课程的性质，难易程度决定。复习安排要合理，复习方式要多样化。除了背诵、抄写之久，还可以运用自我提问、举例说明、比较分析、做练习题等多种方式。复习中还要不断增添新的信息，把过去学的和今天重新看的感受、认识加以比较、分析、提高，发挥思维的灵活性和创造性，发挥"温故而知新"的"知新"作用。复习时还可以先回忆后看书，这样既可以检验课堂听课的效果、增强记忆，又使随后的复习重点明确，有的放矢，增强复习效果。对于课后复习来说，既能深化理解，又能强化记忆。复习时更要注意查缺补漏，保证知识的完整性。我们平时学习中难免出现理解或记忆上的知识缺漏，通过复习，一旦发现，要及时弥补薄弱环节，使知识学得更扎实。最后是学会整理笔记，使知识条理化、系统化。边复习边整理笔记使所学知识深化、简化、条理化，梳理知识，抓住知识之间的联系，厘清条理，编出纲目。

第二章　学业规划：养成优良的心理品质

在压力面前，不做一个懦弱者，要学习、领悟并坦然应对压力。压力让人生更精彩。

——题记

第1节　学业规划与心理健康

学业规划是学生健康成才的基础，也是学生生涯规划的前提。梦想与磨砺并存，挑战与机遇并存，成功与挫折并存，敢于冒险、勇于探索、善于竞争、富于创造是学生成长成才的基本要求，而这些品质无一不与良好的心理健康密切相关。因此，保持心理健康是学生进行科学良好的学业规划必不可少的条件。

心理健康的状态不是静止不变的，而是一个动态发展的过程。与之相同，学业规划也必须要随时间和个人发展阶段的变化做出调整。学业规划的调整也一定要以心理健康状态的变化为参考依据。

只有保持良好的心理状态，拥有较好的心理素质，学生才能科学地做出自己的学业规划并认真地执行下去；反之，如果学生忽视自己的心理健康，任由其随意发展，很可能会给学习与生活带来诸多困扰，更不利于其学业的规划与执行。而学业规划的实践与执行也和优良的心理品质密不可分。总之，保持心理健康是中学生进行科学有效的学业规划的基础条件。

中学生由于身心发展尚未完全成熟，自我调节和自我控制能力不强，复杂的自身和社会问题，往往容易导致他们强烈的心理冲突，从而产生较大的心理压力，甚至产生心理障碍或心理疾病，最终影响学业规划，影响身心发展。因此，中学生应当主动正确面对学生生涯活动中的各种压力、心理问题与障碍，健康、快乐地成长，顺利完成中学阶段的学业，朝理想的目标迈进。

第2节 应对学习：压力转化训练

心理学家认为，压力是人在面对自己不熟悉的情境时所产生的反应。这一观点告诉我们，压力是人的一种主观感受，通常产生于难处理、有困难和对自己有威胁的情境。每次考试，我们都会发现许多同学面对考试时会有很大的心理压力，有的因为压力，直接影响学习水平的正常发挥，导致考试成绩下滑。

生涯困惑

距离中考还有两个多月的时间，小强感觉学习压力很大。最近一个多月来，注意力不集中，情绪急躁，爱发脾气，经常失眠，以致影响学习，成绩下滑。一想到中考临近，内心就十分紧张苦恼，越来越害怕考试。他觉得自己很没有用，对不起父母……

点评：对初中生来说，主要任务是学习。学习本身既是一种挑战，也是一种竞争，所以不可避免地会带来压力。因此要学会调节压力，如果压力过大，不但会影响学习，甚至长期积淀后还会形成心理问题。学习压力过大，一般都会导致焦虑、心烦气躁，有时还会头疼、失眠，只要适时调节，症状自然就会消失。适度的压力能使人情绪处于兴奋状态，活跃思维能力，增强反应速度，可以转化为个体前进的动力。面对压力，我们要张弛有度，一张一弛方可游刃有余，才可以成为学习、生活的主人。

生涯测试

你的抗压能力有多大

也许你很久没有骑脚踏车了，但不妨想一想你喜欢或正在使用的脚踏车应该是哪一款？

A. 轻便型脚踏车　　　　B. 电动脚踏车　　　　C. 变速越野车

测试评测结果

选择 A：压力承受能力 50%。

轻便型脚踏车最大的特点是无论什么路面，骑起来都较轻便，对骑车的人来说省力不少。选择这项的人，通常来说无法忍受自己承受过大的压力。不过这并不代表你丝毫不能承受压力，有时压力反而能成为你的动力，让你发奋达到你的目标。

选择 B：压力承受能力 20%。

把电动脚踏车归类为脚踏车行列是因为它有两个踏板，只要电量足够，骑车的人可毫不费力地行驶。选择它的你，对压力可以说是非常敏感的，现实生活中的你绝对不允许也不会让自己承受过大的压力。一旦超过自己的承受范围，放弃是你的不二选择。不过有时压力可以帮助你完成不少事情哦，不妨试一试把压力变成自己的动力。

选择 C：压力承受能力 80%。

相信很多人都喜欢它能够随时随地变速的特点，骑车人可以在不同的路面选择不同的方式轻松越过。你对于压力有良好的调节能力，会非常理智地判断出何种程度的压力对于自己是有利的。当压力过大时，你会调整自己的心态或做些事情使外来的压力立即减轻不少。有时，压力对你来说反倒是一种自我表现的动力。

生涯名词

压力

压力是指使人感到紧张的事件和环境刺激。从这种意义上讲，压力实际上指的就是压力源。它是一种主观反应，是紧张或唤醒的一种心理状态，是人体内部解释性的、情感性的、防御性的应对过程。压力是指人体对需要或者伤害侵入的一种生理反应，它的持续出现可能导致生理障碍与伤害，包括心力衰竭、疾病和死亡。

对于学生，学习压力过大的总体行为表现有：降低学习的恒心和毅力；面对学习困难退缩、不求上进；对自己缺乏信心、自暴自弃，严重的甚至会厌学、逃学；故意拖延时间不做作业或敷衍了事；经常性地抄作业或不完成作业，甚至一见到作业就厌烦发火、脾气暴躁或者哭泣；有时还会出现恶心呕吐等生理反应。

心理压力是一种主观感觉，即个人在面对困难时，一时无法解决的一种被压迫的感觉。对学生来说，学习压力是一个很普遍的现象，几乎每位学生都会觉得有学习压力。

学习压力的主要表现

学习压力的表现主要有以下几种。

（1）害怕考试。对考试表现出明显的焦虑，考前过分紧张，睡不好觉，考试时脑子里一片空白，平时会做的题都忘得一干二净，甚至发生病理性反应。

（2）抵触学习。对老师传授的知识不感兴趣。上课无精打采，经常打瞌睡或思想上开小差，课堂上小动作特别多。对所有的老师都没有好感。

（3）在乎排名。因为学习成绩较好对自己总是有很高的要求，特别在乎成绩排名，稍有下降就痛不欲生。

（4）反感父母管教。和家长的关系紧张，厌烦家长督促检查自己的学习，不愿和家长讨论有关学习的事，对家长提出的成绩要求非常反感并表现出强烈的抵触情绪。

学习压力的心理表现有以下几种。

（1）产生自卑。因学习成绩差而过分自卑。对自己没有信心，经常为自己的成绩或其他方面的不足而苦恼，心理脆弱，尤其是在考试前后、作业太多或学习遇到挫折的时候，会因此而离家出走，甚至产生轻生的念头。

（2）产生情绪不良反应。注意力分散、理解困难、记忆力减弱等，很容易产生情绪上的不良反应，如暴躁、爱发脾气、抑郁、焦虑、悲伤等。

（3）产生考前焦虑情绪。考试前一段时间一想到考试就焦虑，因为担心自己考不好而难以入睡。总是怕自己考不好，被某人看不起或者责怪。很难沟通，经常对身边的人发怒。

为什么学习会有压力

对中学生来说，学习压力的存在是必然的。随着年级的不断升高，作业量与考试难度的增加，这种压力也越来越大，而随着压力产生的种种问题也就成为困扰学生学习的最主要的心理问题，导致心理会出现焦虑感。那么，对于中学生来说，面临的压力源有哪些呢？哪些方面的因素导致学生学习压力过大？

（1）被动学习影响。面对堆积如山的作业，每天形式上做很多事情，就是没有效果，因为觉得长期努力而没有进步，这种被动学习造成心理压力大。

（2）性格因素影响。自身性格因素导致压力过大，如太在乎别人的看法；做事情过于精益求精，有强迫倾向；力求任何事情都完美；容易受到干扰等。

（3）不切实际的目标。自己为学习定了一个不切实际的目标，这个目标即便你尽最大努力也很难完成，长此以往信心受到打击。

（4）升学干扰。受到升学因素的干扰，总是担心不能达到目标。

（5）能力不稳定。能力没有达到过硬的程度，考试不稳定，面对曾经超常或者失常的考试，诱惑与忧虑同在。

（6）外界压力。来自家长、老师、同学等的压力，如家长的责骂、抱怨，老师对学生的批评、同学之间的竞争。

如何解决学习压力的问题

（1）激发自信心。无论个人情况怎样，每个人都有自己的优势和不足。在考试前，对于自己的缺点和不足不要过多自我责备，要多看、多想自己的长处和潜力，激发自信心。在现实中，如果说自信不一定能让你成功的话，那么丢失信心就一定会导致失败。很多成绩优秀的同学在考试中失利，他们不是输在知识能力上，而是败在信心不足上。

（2）优化情绪。现代心理学认为，人在学习生活中，情绪扮演着十分重要的角色。在备考中，要学会转移情绪，将自己的情绪调整到最佳状态。在情绪紧张的时候，听听音乐，哼哼小调，或伸伸手、弯弯腰、扭扭身子；或漫步户外，听听鸟鸣；或与同学聊聊天，讲讲趣事。在考场上可以做做深呼吸、望望窗外。这些方法都有助于调节心理状态，优化情绪。

（3）放平心态。以什么样的心态备考和考试，对身心进入最佳状态关系很大。若把复习与考试看成一种挑战，会激发自己很快进入状态；把它看成一种锻炼，会以平和的心态投入；把它看成一次机会，会以积极的心态迎接。应该放平心态，把考试想象成一次难得的人生经历。

（4）积极暗示。在考前要根据自身情况，积极暗示，自我打气："我行，我一定行""我潜力大""我进步大""我喜欢挑战"等。如遇到自己实在解不出的难题也不要忧心忡忡，在备考的最后时刻，要力所能及，取长补短。

（5）看淡结果。在应对考试时，不要把问题想得太复杂和困难，不要无端地给自己预设困难，让自己还没开始就先怯场了。只要你别把考试看得那样高不可攀，你学习起来、应对起来就会轻松很多。把中考或高考当成一次大的检测。考前应把注意力集中在眼下能做好的、已经准备好的事情上。对于还未发生的事情不要多想，尤其是考试的结果，更不要胡思乱想，杞人忧天。

生涯知识

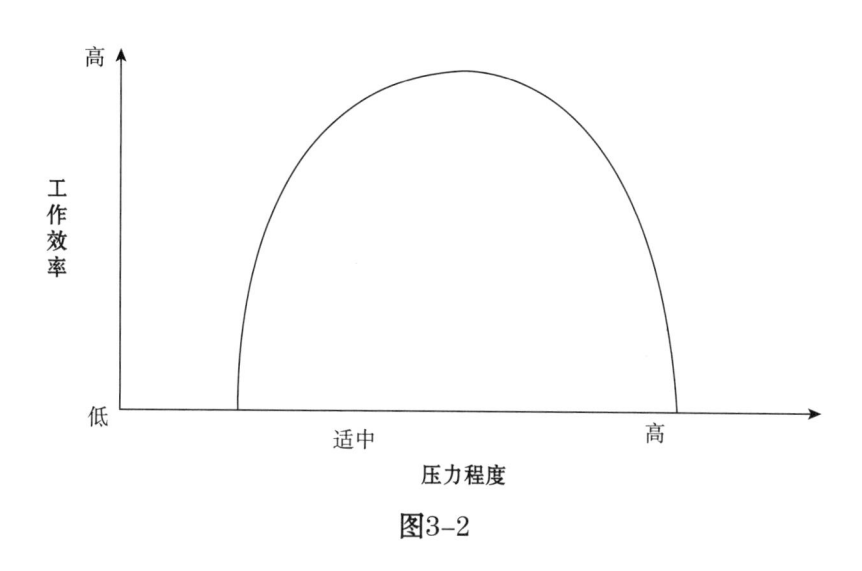

耶克斯—多德森定律（图3-2）

图3-2

各种活动都存在动机的最佳水平。动机不足或动机过分强烈，都会使工作效率下降。所以，适度的焦虑和压力是考试成功的保障。

第3节　认识考前焦虑

考前焦虑，指因考试压力过大而引发的一系列异常反应，包括生理、心理现象，如考前焦虑、临场晕考和考后焦虑。

考试焦虑是考生中常见的一种以担心、紧张或焦虑为特点的复杂而连续的情绪状态。考试前，如果意识到考试对自己具有潜在的威胁，有可能会有不好的后果时，就会产生焦虑；考试时，由于时间紧迫而出现担心答不完卷子的焦虑；考试后，担心答错或者成绩不理想而焦虑。

科学实验证明，适当的焦虑在考试中是必要的。适当的焦虑会让考生注意力集中，拿出最佳的状态答题，考试结果自然会很好。如果一点儿都不焦虑，则精神懈怠，答题就会马虎；而过于焦虑，则会让精神过度紧张，记忆会出现混乱，生理和心理都会产生不适，从而影响临场发挥。

生涯名词

考前焦虑

考前焦虑是正常的生理反应，如不由自主的震颤、昏厥、肌肉痉挛、心跳加快、出汗等；心理感受，如感到恐惧，预感到不祥与担心。焦虑是一种情绪状态，指向未来，害怕某种危险即将到来。

考试常见问题的处理

1. 克服舌尖现象

（1）转移注意。把回忆搁置起来，去解决其他问题，等抑制过去后，需要的知识经验往往会自然出现。考试时，一时想不起某道试题的答案，就不要去想了，先解决其他题目，经过一定的时间之后，所需要的答案也可能回忆起来了。

（2）淡化处理。即使一直没想起来也不必惊慌，把自己能做出来的步骤做足，拿一些过程分，跟自己说："能做到这样就很好了，我想不出来的别人也想不出来，就差这一点，没关系。"不要把小损失扩大化，导致影响整场考试的心情。

（3）如果考试时非常紧张焦虑，应暂时停止答卷，闭上眼睛，做几次深呼吸，并反复暗示自己，安静、放松，用手拍脸，按摩一下头，待情绪平复下来再答题。

2. 克服考前大脑空白现象

人在紧张的时候可能会出现大脑一片空白的情况，可以通过深呼吸、伸展运动、心理暗示等方法缓解大脑空白现象，必要时可以服用药物改善症状。

3. 克服走神现象

考试中的走神分两种：一种是受意志支配的走神，即应试者有意地离开试卷去想别的事情；另一种是不受意志控制的走神。第一种走神自然不会引起应试者的苦恼，因为这种走神可以控制，应试者想"走"便"走"，不想"走"便"不走"。而第二种走神常会使应试者痛苦、焦急，想一心一意地答题，也知道时间紧张，可就是"魂不守舍"，与试题无关的其他念头频繁出现，叫人无法控制。

如何缓解考试焦虑

1. 改变认知，端正考试心态

学生要明白考试只是一种检测手段，学习内容与考试内容总是存在着一定的差异性，所以考试有失误是正常的。正确对待考试中的失误，不要太在意分数，更重要的是多关注过程，少注重结果。要以一颗平常心看待考试结果。把考试当作检测学习效果的手段，要把考试当作是自己一段时间学习内容的考查或者检验成果的一种方式，对自己学习状态方法的一种反思，通过这种认知的转变，可以降低焦虑的程度。此外，要认识到考试本来就是暴露问题的一种形式，问题只有暴露出来了，才能解决。考试只代表某个阶段学习的成果，不能决定未来的学业发展。

2. 自我放松训练

所谓放松训练法是指通过循环交替收缩或放松自己的骨骼肌群，细心感受肌肉的紧松程度，最终达到缓解紧张和焦虑状态的一种自我训练方法。在放松时，可以松开所有的紧身衣物，轻松地坐在沙发上，双臂和手平放于沙发的扶手上，双腿自然前伸，头和上身轻松后靠，双眼闭上。整个放松训练按照由下而上的顺序，依次为脚趾肌肉放松—小脚肌肉放松—大腿肌肉放松—臀部肌肉放松—腹部肌肉放松—胸部肌肉放松—背部肌肉放松—肩部肌肉放松—臂部肌肉放松—颈部肌肉放松—头部肌肉放松。放松动作要领是先使该部位肌肉紧张，保持紧张状态 10 秒左右，然后慢慢放松。使用这种方法并持之以恒，不但能消除考试焦虑，而且能全面促进身心健康。

3. 积极的自我暗示

在考试前夕，自己鼓励自己，也称精神胜利法。通过进行积极的自我心理暗示，能够在短时间内消除紧张不安的情绪，赶走"焦虑"。自我心理暗示法简单易行，见效快。可以对着一面镜子微笑，然后告诉自己：我一定行！这次考试，我一定可以发挥出最好的水平。还可以对着镜子做出胜利的手势，或是做个怪脸把自己逗笑。看到镜子中神采飞扬、自信微笑的自己，焦虑情绪就容易消除。

生涯体验

画一画"我与我的考试"

活动步骤：（1）你觉得考试焦虑是什么？形象地描述一下他是什么东西、什么人或者什么动物？把他画出来。

（2）在纸上再画一个你，你和他在做什么？

（3）画完了之后，看一看这幅画还可以做哪些调整，会看起来更舒服一些？

小组讨论并分享：（1）你将考试焦虑画成了什么？为什么？

（2）你心目中对考试焦虑的理解，如何缓解考试焦虑的问题？

总结：应对考试焦虑，调整好心态至关重要。为此心理专家提出了 16 个字：树立信心，优化情绪，进入状态，充分发挥。

考试焦虑大多是由心理暗示引起的，所以，我们要正确对待考试，自信从容地克服不良的心理暗示。对于考试，我们先要做好准备，树立正确的思想，认真复习，怀着积极乐观的心态去面对，不要将考试当作我们的负担，不要在心里面对考试树立一道防线，对于我们所要面对以及经历的每一场考试，都要用平和的心态去对待，"认真负责，明确目标，树立信心"是我们在考试的时候要保持的初心。

第四篇　学习能力

学习能力是获得和运用知识的能力，它是所有能力的基础，包括感知、认知、自控、理解、记忆、操作等能力。学生学业水平的发展与人的智力有关，智力是通过改变自身、改变环境或找到一个新的环境去有效地适应环境的能力。智力也叫智能，是人们认识客观事物并运用知识解决实际问题的能力。智力包括五个元素，分别是注意力、观察力、想象力、记忆力、思维力。

人的智力与遗传素质相关，遗传素质是智力发展的生物前提。良好的遗传素质，是智力发展的基础和自然条件。有研究发现：遗传关系越密切，个体之间的智力越相似。但是遗传只为智力发展提供了可能性，要使智力发展的可能性变成现实性，还需要社会、家庭与学校教育许多方面的共同作用。在遗传和环境对智力的作用上，遗传决定了智力发展的上限，这个上限只有在一种理想的适时环境中才能达到；而遗传所决定的上限越高，环境的作用就越大。

学习能力是产生学习力的基础因素，它是一种综合能力，既包括掌握科学的学习方法、技能，也包括形成自主内化知识和把知识转化为才智的能力。

第一章　什么是学习力

学而不思则罔，思而不学则殆。

——孔子

对学生而言，学习力是指一个人学习的动力、毅力和能力的综合体现，是把知识转化为技能的能力。而学习能力则是一个人将知识记忆到大脑的能力，只负责获取，不负责知识的运用和转化。所以说，有"知识"的人不一定有"能力"，知识并不等同于能力。

学习力强调了一个人转化和运用知识的能力。一个人的学习力，不仅包含了一个人的学习效率，还包含了学习的效果。学习力包括学习动力、学习毅力和学习能力三个要素。

学习动力：指自觉的内在驱动力，主要包括学习需要、学习情感和学习兴趣。

学习毅力：即学习意志，是指自觉地确定学习目标并支配其行为，克服困难实现预定学习目标的状态。它是学习行为的保持因素，在学习力中是一个不可或缺的要素。

学习能力：指由学习动力、学习毅力直接驱动而产生的接受新知识、新信息并用所接受的知识和信息分析问题、认识问题、解决问题的智力。

对于学生来说，学习成绩的高低不仅取决于学生努力的程度，意志力、学习方法、智力水平、学习习惯等也是重要的决定因素。

第二章　学习训练：开启智慧大门

第1节　开启智慧之门：注意力训练

有这样一个故事：两个各方面条件都差不多的年轻人，同时向一位国手学习下棋，其中一个专心致志地在学，另一个却总想着如何引弓射杀从窗外经过的飞鸟，因为专注点不一，结果只有前者学成了。

提高学习效率的重要方法之一是注意力要集中。学习也好，观察事物也好，都应当心不二用。注意力越集中，脑细胞的兴奋点越强，对事物的认识越深刻，自然就容易记忆了。

有位国外的教育家说过这样的话："注意力是智慧的门户。"可见，防范注意力涣散是通向智慧之门的重要途径。学习经常分心，做事时思想分神，实际上也属于意志脆弱的一种表现，是应当设法克服的。

有人认为吵闹环境里学习外语，记忆的效果会更好。理由是：因为左脑负责理解记忆，右脑则去感觉噪声，两个半脑的负荷平衡，就比只靠左脑工作而"一边重"要好一些。还有人说由于两个半脑平衡且协调得当，所以学习时不易疲劳，效果自然会更显著。

注意力是学习的窗口。作为一名学生，需要通过学习与训练来促进养成集中注意力的习惯，注意力的管理是影响学习的一个重要因素。

生涯困惑

初一学生小明在上数学和英语课时，因为上课不集中精力专心听讲，经常被老师批评。小明自己也特别想集中注意力听课，但是不知怎么回事，总是爱走神，想了很多办法，可是都不管用。只要一上课，他就不知道自己在想什么，总是无法做到集中注意力，也因为这样，他的学习成绩一直难以提高……

请思考以下问题。

（1）小明上课注意力不能集中是哪里出了问题？

（2）你在学习上经常出现同样的问题吗？为什么？

（3）如果要提高学习效率，你应当做哪些调整呢？

生涯测试

注意力行为调查问卷

在下列陈述中请在符合你的情况的后面打钩"√"。

（1）经常无法将注意力放到细节或学校课业上，做家庭作业或从事其他活动时常因粗心大意而犯错。（　　　）

（2）经常很难长时间专注在功课上。（　　　）

（3）别人和你说话，经常没注意听，别人需要重复说。（　　　）

（4）经常无法按照要求或提示完成家庭课业或交付的任务（排除对立行为或不了解提示要求）。（　　　）

（5）对规划学习或其他活动常常感到困难。（　　　）

（6）经常逃避或不愿做较花心思的事（如完成某项复杂任务、做家庭作业等）。（　　　）

（7）经常丢失在课堂或活动中所需的物品（如玩具、作业本、铅笔等）。（　　　）

（8）较容易受外界刺激影响而分心。（　　　）

（9）经常在日常生活中遗忘事物。（　　　）

（10）手或脚经常不安地动来动去或坐不住。（　　）

（11）经常在课堂上或其他应坐好的场合站起来。（　　）

（12）经常在需要安静的场合四处奔跑或攀爬。（　　）

（13）很难静下来玩耍或安静地看书。（　　）

（14）身体经常处于活跃状态，或常像马达运转般不停地活动。（　　）

（15）在许多场合说话过多。（　　）

（16）经常在别人尚未说完问题之前便抢说答案。（　　）

（17）需要排队时，常常没有耐心等待。（　　）

（18）经常中断或干扰别人（如贸然介入别人的谈话或活动）。（　　）

评价结果： 少于6个打钩项。表明注意力品质好。

第1~9项中有6项打钩，表明注意力缺失特征，注意力缺失。

第10~18项中有6项打钩，表明注意力缺失特征，冲动型注意力缺陷。

前9项和后9项中各有6项打钩，表明有注意力障碍。

生涯名词

注意力

注意力是指人的心理活动指向和集中于某种事物的能力。注意力是人意识的具体表现，是记忆力的基础，而记忆力是注意力的结果。注意力是指人对一件事情专心投入的程度，即平时所说的专注力，指一个人专注于某一件事情，或者是某一项活动的心理状态。

注意力不集中主要有以下表现：

（1）容易分心。不能专心做一件事，注意力很难集中，做事常有始无终。

（2）学习困难。上课不专心听讲，易走神，学习成绩不稳定，健忘、厌学，作业、考试中经常因马虎大意而出错。

（3）小动作过多。在任何场合下都无法安静，手脚不停或不断插嘴、干扰他人的活动，平时走路急促，经常无目的地乱闯乱跑，不听劝阻。

（4）冲动任性。情绪不稳定，易变化，常常不假思索就得出结论，行为不顾忌后果。

自控力差，不遵守规章制度，不听老师、家长的指示，做事无章法，随随便便，一切听之任之，不能与别人很好合作，容易与他人发生冲突。

注意力的四个维度

即注意力的稳定、注意力的广度、注意力分配和注意力转移，这是衡量一个人注意力好坏的标志。

1. 注意力的稳定

指一个人在一定的时间内比较稳定地把注意力集中在某一特定的对象与活动的能力。例如，当你在听课时大部分时间处在"溜号"状态或者偶尔出现"溜号"。导致你的知识断点比较多，直接影响听课质量。

2. 注意力的广度

指人们对于所注意的事物，在一瞬间内清楚地觉察或认识到对象的数量，也就是注意的范围有多大。有研究表明，在一秒内，一般人可以注意到4～6个相互联系的字母，5～7个相互没有联系的数字，3～4个相互没有联系的几何图形。当然，不同的人具有不同的注意广度。一般来说，初中生的注意广度要比成年人小。但是，随着我们各方面的成长及不断地有意识地训练，注意力的广度会不断提高。

3. 注意力分配

指一个人进行多种活动时能够将注意力平均分配给多个活动，"一心二用"。比如，能够一边看书，一边记录书中的精彩语言；能够一边炒菜，一边听新闻。人的注意力总是有限的，不可能什么东西都关注。如果要求自己什么都注意，那最终可能什么东西都注意不到。但是，当注意的目标熟悉或不是很复杂时，却可以同时注意一个或几个目标，并且不忽略任何一个目标。能否做到这一点，还与注意力能否长时间持续有关，所以要根据自己的实际能力，逐渐培养有效注意力的能力。

4. 注意力转移

指一个人能够主动地、有目的地及时将注意力从一个对象或者活动调整到另一个对象或者活动上。例如，在看完一个有趣的片子后，让隔壁的同学给自己讲解数学的解题思路，如果能迅速地把注意力从片子中转移到解题当中，他的注意力转移能力就不错。注意力集中和转移是注意力的两个方面。初中学生每天都在这两种状态下学习或生活，每天要上好多节课，每一节课的内容都有所不同。上语文课的时候全神贯注，上数学课时，如果无法将注意力从语文课转移到数学课上，那么数学课的学习效果就会大打折扣。可见，对学生来说，学会转移注意力和集中注意力对提高学习成绩是有益的。

影响注意力的因素

通常，导致注意力不集中的原因有以下几方面。

（1）生理原因（自身因素）——由于大脑发育不完善，神经系统兴奋和抑制过程发展不平衡，故而自制能力差。这是正常的，只要教养得法，随着年龄的增长，绝大多数人能做到注意力集中。

（2）病理原因（自身因素）——存在轻微脑组织损害、脑内神经递质代谢异常，另外，有听觉或视觉障碍的人也会被误以为充耳不闻，不注意听或视若无睹。这些情况需要得到专科医师指导下的治疗才能改善。

（3）环境原因（外在因素）——许多糖果、含咖啡因的饮料或掺有人工色素、添加剂、防腐剂的食物，会刺激人的情绪。此外，人的学习环境混乱、嘈杂、干扰过多，都会影响专心度。

（4）家长教育方式也会影响学生的注意力。

想一想，平时有哪些因素会影响我们的注意力？如何解决这些问题？

针对我个人来说，影响我的因素主要有_____，我决定每天做到_____开始训练我的注意力。

如何提高自己的注意力

法国生物学家乔治·居维叶说:"天才,首先是注意力。"注意力是可以在学习实践活动中通过训练得到提高的,课堂上注意听讲,不仅能掌握好课堂知识,发展认知能力,还可以培养良好的意志品质。

作为一名初中生,在课堂上要提高注意力应做到以下几点。

(1)课前暗示自己这堂课的内容很重要。多想这些重要性,并以此引起我们对课堂学习的兴趣和注意,做到专心听讲。

(2)要自觉意识到老师讲课的重要性,适应老师的讲课方式,同时还要认识到,没有老师的授课和指导,我们学习的困难就会增大。要常提醒自己认真听老师讲课,不要错过学习的好机会。

(3)排除内外影响和干扰。当发现自己上课有开小差的时候,要及时排除干扰,保持集中注意力的心理状态。老师在课堂上讲授的各种科学知识有它的知识体系,概念系统,比较抽象,这需要借助意志力来帮助自我控制,去战胜分散注意力的各种干扰因素,做到有意识地注意。

(4)有意追踪课堂上老师讲课的内容。要一边听讲,一边思考,弄懂老师所讲的意思,主动地记住它们,则会使大脑处于兴奋状态,也就能使自己的注意力集中在讲解的内容上。

(5)善于分配注意力。课堂上不仅要听、看、思考、记忆,还要记笔记,会听课的学生善于转移和分配注意力,当听到重点的内容或老师补充教科书上没有的素材时,要迅速做好笔记。同时,在听课时,要以理解内容为重点,兼顾各方面,这样不仅能提高课堂学习的效果,还能培养注意力转移和合理分配注意力的能力。

> **生涯体验**

注意力训练

注意力训练是指使用特定方式培养训练青少年儿童集中注意力的方法。对于注意力的训练，可以参考以下几种方法。

1. 图形归类训练法（图4-1）

请你找一找下图中，同类的图形各有多少个？

图4-1

2. 眼睛灵敏度训练法

你将有3秒的时间看下图（图4-2），准备好了吗？

图4-2

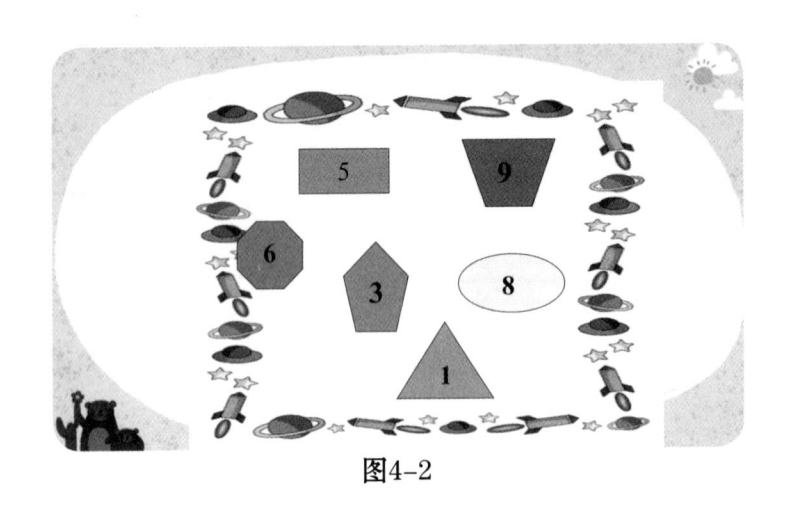

刚才你看到了哪几个数字？你还记得这些形状中的数字是什么吗？

3. 眼花缭乱训练法（图4-3）

请快速穿越下图中的迷宫，时间不要超过1分钟。

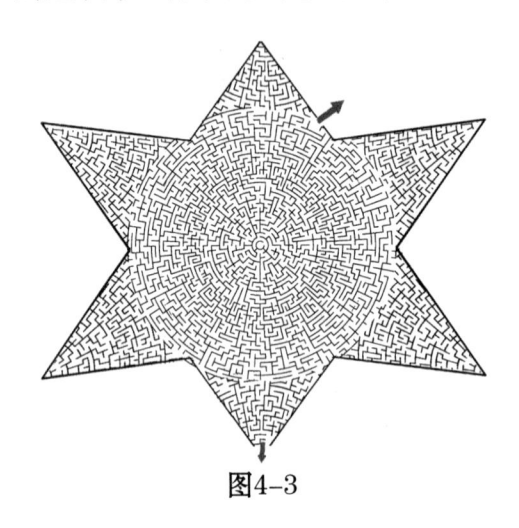

图4-3

干扰无处不在，认准目标，就别轻易放弃，排除干扰，集中注意力，能让你顺利到达目标。

4. 舒尔特表训练法

舒尔特表（Schulte Grid）（图4-4）通过动态的练习锻炼视神经末梢，用来培养注意力集中、分配、控制的能力；拓展视幅；加快视频；提高视觉的稳定性、辨别力、定向搜索能力。练习的时间越长，看表所需的时间会越短。随着练习的深入，眼球的末梢视觉能力提高，不仅可以有效地拓展视幅，加快阅读节奏，锻炼眼睛快速认读；而且进入提高阶段之后，同时拓展纵横视幅，达到一目十行、一目一页的效果。

2	17	9	22	20
11	5	23	7	16
3	15	1	6	14
12	25	4	10	21
24	18	13	8	19

图4-4

刚开始，我们可以先从9格开始练起，感觉熟练或比较轻松达到要求之后，再逐渐增加难度。刚开始练习时，达不到标准是非常正常的，切莫急躁，千万不要因急于求成而使学习热情受挫。

训练方法：（1）眼睛距表30～35厘米，视点自然放在表的中心。

（2）在所有字符全部清晰入目的前提下，按顺序（1～9，1～16，1～25，汉字应先熟悉原文顺序）找全所有字符，注意不要顾此失彼，因找一个字符而对其他字符视而不见。

（3）每看完一个表，眼睛稍作休息，或闭目，或做眼保健操，不要过分疲劳。

（4）练习初期不考虑记忆因素。每天看10张表。

说明：按顺序点击1～25，制作10张这样的表，一一进行练习。点数时不出声，按顺序记在心里。从第1格数到第25格，每张表的练习时间不超过25秒。每次练一套。数完25个数字所用时间与注意力水平对照情况见表4-1。

表4-1

年龄段	优秀	中等	问题较大
5～7岁	30秒以下	36秒	55秒
7～12岁	20秒以下	36秒	45秒
12～14岁	16秒以下	26秒	36秒
18岁以上	8秒以下	20秒	30秒

注意力训练的方法有很多种，大家可以根据自己的实际情况进行选择，先从最基础、最简单的练起，每天坚持，持之以恒。

第2节　克服你的马虎：观察力训练

观察是我们认识世界的开始，也是一个人认识事物的重要途径，是智力活动的基础，是完成学习任务的必备能力。细致是观察的基本要求，准确是观察的根本，全面是观察的基本原则，发现特点是观察的目的。观察是每一门学科最基础、最重要的研究方法之一，也是我们获得一切知识的桥梁，我们生活的各个方面都离不开它。细致、准确的观察是我们认识事物真面目，得出正确结论，做出正确决定的基础。观察可以使我们认识世界，获得知识，增长智慧，对于中学生来说，培养良好的观察习惯是十分必要的。

生涯故事

一个阿拉伯人在沙漠里与骑骆驼的同伴失散了，他找了整整一天也没有找到。傍晚，他遇到了一个贝都因人。阿拉伯人询问贝都因人是否见到失踪的同伴和他的骆驼。

"你的同伴不仅是胖子，而且是跛子，对吗？"贝都因人问，"他手里是不是拿了一根棍子？他的骆驼只有一只眼睛，驮着枣子，是吗？"

阿拉伯人高兴地回答说："对！对！这就是我的同伴和他的骆驼。你是什么时候看见的？他往哪个方向走了？"

贝都因人回答说："我没有看见他。"

阿拉伯人生气地说："你刚才详细地说出了我的同伴和骆驼的样子，现在怎么又说没有见到过呢？"

"我没有骗你，我确实没有看见过他。"贝都因人平静地说，"不过，我还知道，他在这棵棕榈树下休息了一些时间，然后向叙利亚方向走去了。这一切发生在三个小时前。"

"你既然没有看见过他，那么，这一切又是怎么知道的呢？"

"我确实没有看见过他。我是从他的脚印里判断出来的。你看这个人的脚印：左脚印大且深，这不是说明走过这里的人是个跛子吗？现在再比一比他和我的脚印，你会发现，他的脚印比我的深，这不是表明他比我胖吗？你看，骆驼只吃它身体右边的草，这就说明，骆驼只有一只眼，它只看到路的一边。你看，这些蚂蚁都聚在一起，难道你没有看清它们都在吸吮枣汁吗？"

"你怎么确定他是在三个小时前离开这里的呢？"

贝都因人解释说："你看棕榈树的影子。在这样的大热天，你总不会认为一个人不想凉快而要坐在太阳光下吧！所以，可以肯定，你的同伴曾经是在树荫下休息过。依此可以推算出，阴影从他躺下的地方移到现在我们站的地方，需要三个小时左右。"

听罢之后，阿拉伯人急忙朝叙利亚方向找去，果然找到了他的同伴。事实证明，贝都因人说的一切都是正确的。

请大家思考一个问题：

为什么贝都因人没有看到阿拉伯人的同伴，却能准确地说出他的同伴和骆驼的特征呢？

读完这则故事，大家都很钦佩这位贝都因人敏锐的观察力。一个观察力强的人能从一般人认为是司空见惯的事件中发现奇迹。一个观察力弱的人即使进入宝山，也可能空手而返。苹果坠落地面、火炉上的水壶盖被水蒸气掀开，这些都是人们十分熟悉的现象，但牛顿和瓦特却由此分别发现和发明了万有引力定律和蒸汽机。当然，这些伟大的发现和发明并不是这么简单，但是观察力强的确是他们成功的重要因素。所以说，只要你有一双善于发现事物的眼睛，生活中处处皆学问。同样，在学习中，只要你善于观察，勤于思考，那你的学习会达到事半功倍的效果。

生涯测试

测测你的观察力

做下面这些题目的时候，不必深思熟虑，立即回答即可。

(1) 进入某个教室的时候，你会（　　）。

A. 注意桌椅的摆放　　B. 注意用具的准确位置　　C. 观察墙壁上挂着什么

(2) 与人相遇的时候，你（　　）。

A. 只看他的脸　　　　B. 悄悄从头到脚打量　　　C. 只注意他的个别部位

(3) 你从看过的风景中想到（　　）。

A. 色调　　　　　　　B. 天空　　　　　　　　　C. 当时浮现在你心里的感受

(4) 你早晨起床后（　　）。

A. 马上就想应该做什么　　B. 想起梦见了什么　　　C. 思考昨天都发生了什么事情

(5) 当你坐上公共汽车，你（　　）。

A. 谁也不看　　　　　B. 看看谁站在旁边　　　　C. 与距离你最近的人搭话

(6) 在大街上，你（　　）。

A. 观察来往的车辆　　B. 观察房子的正面　　　　C. 观察行人

(7) 当你看橱窗的时候，你（　　）。

A. 只关心可能对自己有用的东西　　　　　　　　B. 也看看此时不需要的东西

C. 注意观察每样东西

(8) 如果在家需要找什么东西，你（　　）。

A. 把注意力集中在这些东西可能放的地方　　　　B. 到处寻找

C. 请别人帮忙找

（9）看亲戚和朋友过去的照片，你（　　）。

A. 激动　　　　　　B. 觉得可爱　　　　　　C. 尽量了解照片上都是谁

（10）假如有人建议你去参加你不会的游戏，你（　　）。

A. 试图学会玩，并想赢钱

B. 借口学习一段时间再玩而予以拒绝

C. 直言说不会玩

（11）在校园里面等一个人，你（　　）。

A. 仔细观察你旁边的人

B. 看书

C. 想某件事情

（12）在满天繁星的夜晚，你（　　）。

A. 努力观察星相　　　B. 只是一味地看天空　　　C. 什么也不看

（13）你放下正在读的书后，总是（　　）。

A. 用铅笔标记读到什么地方　　　　　　B. 放个书签

C. 相信自己的注意力

（14）当上完一个新老师的课，你会记住这个老师的（　　）。

A. 姓名　　　　　　B. 外貌　　　　　　C. 什么也没有记住

（15）你在妈妈摆好的餐桌前（　　）。

A. 赞扬它的精美　　　　　　B. 看看人们是否都到齐了

C. 看看所有的椅子是否放在合适的位置上

评分标准（表4-2）：

表4-2

题目序号	1	2	3	4	5	6	7	8	9	10	11	12	13	14	15
A（分）	3	5	10	10	3	5	3	10	5	10	10	10	10	10	3
B（分）	10	10	5	3	5	3	5	5	3	5	5	5	5	3	10
C（分）	5	3	3	5	10	10	10	3	10	3	3	3	3	5	5

分析和点评：以上的测试题反映的都是个人日常生活中的小事，恰恰就是这些不经意的小事，折射出一个人的某些潜意识特征，进而反映出一个人的行为方式、生活习惯和性格特征。你可以根据自己的得分对照分析。

110～150 分，说明你具有很好的观察习惯，而且反应敏锐、思维活跃，是一个具有很强观察能力的人。你不但能正确分析自己的行为，也能够极其准确地评价别人。

75～110 分，说明你有相当敏锐的观察能力，思想深刻而且犀利，做事目的性比较强。但是对别人的评价有时候带有偏见，特别是在处理人际关系的方式和方法上有待改善。

45～75 分，说明你对别人隐藏在外貌、行为背后的思想和意图漠不关心，对生活中的变化置若罔闻。尽管你在人际交往中不会产生严重的心理障碍，但是在机遇和变故面前你常常是麻木不仁、得过且过。建议你立即改变这种漠不关心的生活态度，养成勤于观察、善于思考的良好习惯。

生涯名词

观察力

观察力是指人在感知活动过程中通过眼、耳、鼻、舌等感觉器官准确、全面、深入地感知客观事物特征的能力。作为一种特殊形式的感知能力，观察力是人类认识能力的重要组成部分。人类对事物的认识程度、水平，与这种能力的强弱有很大的关系。观察细致准确、思维判断敏捷。从这个角度来看，观察力是一种感觉与思维高度协调的能力，也是一种智力。

观察力的敏锐性指迅速而善于发现易被忽略的信息。科学家和发明家的可贵之处就在于此。在学习活动中，同学之间的观察力千差万别，同一个问题，有的同学一眼就看出问题的要害和内在联系，有的同学则相反。敏锐性的高低是观察力高低的一个重要指标。敏锐的观察力可以使我们避免受表面现象的迷惑，而真正地看到事物的本质和变化的趋势。

人的观察力并非与生俱来，而是在学习中培养，在实践中锻炼出来的。特别是对学习自然科学的人来说，观察力尤其重要。要从小养成自觉地、认真地观察各种自然现象的习惯、兴趣和能力。通过直接体验，积累对自然现象的感性认识，培养对事物进行科学观察的能力和习惯。为了有效地进行观察，更好地锻炼观察力，掌握良好的观察方法是必要的。只要持有一颗观察的心并付诸实践，长此以往，便可以训练出潜意识的观察能力。

观察力的特点

1. 观察的目的性

一个人在进行感知时，如果没有明确的目的，那只能算是一般感知，不能称作观察。作为观察的目的性，至少应当包括：明确观察对象、观察要求、观察的步骤和方法。而这些内容，可以在观察前的观察计划中以书面的形式写下来。一般来说，无论是长期地系统观察，还是短期地、零星地观察，都须制订观察计划。

观察的目的性还要求我们在进行观察时，必须勤做记录。这是我们保存第一手资料最可靠的手段。记录要力求系统全面，详尽具体，正确清楚，并持之以恒。

2. 观察的条理性

观察的条理性，可以保证输入的信息具有系统性、条理性，而这样的信息，便于智力活动对它进行加工编码，从而提高活动的速度与正确性。如果一个人做事杂乱无章，那通过他所获得的信息也必然是杂乱无章的。这样，他的智力活动要在一堆乱麻中理出一个头绪来，必然要花费更多的时间和精力，甚至还可能影响智力活动的正确性。

3. 观察的理解性

观察力包含两个必不可少的因素：一是感知因素（通常是视觉）；二是思维

因素。思维参与观察活动的主要作用是可以提高个人对观察对象的理解力。理解可以使我们及时地把握观察客体的意义，从而提高我们对客体观察的迅速性、完整性、真实性和深刻性。观察的理解性可以帮助我们在学习中对由观察而获得的知识的理解，不至于生吞活剥、囫囵吞枣。

4. 观察的敏锐性

观察的敏锐性指迅速而善于发现易被忽略的信息。科学家和发明家的可贵之处就在于此。观察的敏锐性与一个人的兴趣往往是密切相关的。不同的人在观察同一现象时，会根据自己的兴趣而注意到不同的事物。兴趣可以提高人们观察力的敏锐性。观察的敏锐性是与一个人的知识经验密切相关的。

5. 观察的准确性

观察的准确性指正确地获得与观察对象有关的信息。首先，在观察过程中，不只是注意搜寻那些预期的事物，还要注意那些意外情况。其次是对事物进行精确地观察，既能注意到事物明显的特征，掌握事物各个发展阶段的特点，发现事物相似之处，又能辨别它们之间的细微差别。

各种观察力的品质在学习活动中有各自不同的作用。在学习中，我们必须把观察力的各种品质结合起来，按照预定的目标去获得系统的、理解的、深刻的、真实可靠的感性知识，从而提高我们的学习效果。

观察力在课堂上的应用

观察力是学生在学科学习中不可缺少的重要能力，是学习能力的重要组成部分，也是学生的重要心理特征之一。学生的观察力是在成长中通过学习逐渐形成的。学生如何在学习中充分运用观察力的特点，有效帮助自己提高学习能力，提升学习成绩呢？

总结了几句"顺口溜"，希望能帮到你。

课堂上：明确目标防"溜号"，学习顺序心有数，前因后果以贯之，疑难问题记心中。

计算时：全神贯注不大意，反复计算不嫌弃，踏踏实实一起过，拖泥带水是大忌。

审题时：手握笔中藏标记，提纲问题遥相应，迷惑陷阱善分辨，常练常考成习惯。

如何提高观察力

1. 确定目标

对一个事物进行观察时，要对观察什么、怎样观察、达到什么目的等问题做到有的放矢，这样才能把观察的注意力集中到事物的主要方面，以抓住其本质特征。目的性是观察力的最显著特点，有目的观察才会对自己提出要求，获得一定深度和广度的锻炼。反之，如果东张西望、左顾右盼，对事物熟视无睹，你的观察力就得不到锻炼。

2. 制订计划

在观察前对观察的内容做出安排，制订周密的计划。如果在观察时毫无计划、漫无条理，那就不会有什么收获。因此，我们静下心观察前要计划好先观察什么，后观察什么，按部就班进行。观察计划可以写成书面的，也可以记在脑子里。

3. 培养兴趣

观察兴趣可以激发我们的求知欲。每个人由于观察敏锐性的差异，在同一件事情的观察上会出现不同的兴趣，注意到不同事物或同一事物的不同特点。因此，培养浓厚的观察兴趣是培养观察能力的重要前提条件。为了锻炼观察力，必须培养个人广泛的兴趣，这样才能促使我们全神贯注地对某一领域进行深入地观察。

4. 探索事物的本质

观察现象，探索本质。观察是思维的触角，要培养观察力，就要善于把观察的任务具体化，从隐蔽的世界中探索事物的本质。

5. 养成观察习惯

积极探索的态度、关注事物的习惯有助于观察力的提高。在学习中养成良好的观察习惯,能够克服观察过程中所遇到的各种障碍、困难。无论做什么事情,只要坚持下去,习惯成自然。观察力就是在这种锲而不舍的过程中得到锻炼和提高的。观察力贵在培养,最重要的是要养成观察的良好习惯。

6. 遵循规律

遵循感知的客观规律进行观察。观察力是在感知过程中提高的,因此,为了培养观察力,就必须遵循感知的规律。

生涯训练

测一测你的观察力

(1)找不同,图4-5中有两张图片是一模一样的,你找出来了吗?

图4-5

(2)请大家数一数在图4-6中有多少个3,数出越多的人越细心,将来也会有更大的突破哦!一起来看看吧!

图4-6

（3）仔细观察图4-7，你发现了几张人脸？

图4-7

> **生涯体验**

福尔摩斯观察力游戏

活动步骤：（1）同桌两人彼此面对面观察一分钟。

（2）一分钟后，转过身去，不能再互相看。

（3）每人做5处外观上的改变，可以是细微的，也可以是显而易见的。

（4）两名同学再次互相观察，依次说出对方的改变。

总结：训练观察力的方法有很多，我们不仅在课堂上，还可以在生活中从身边的事物、所处的环境、人的特点着手。观察是一种用心的行为，在初练观察力时，最好有意识地去观察。针对一个平凡无常的事物，你应有意地、细微地观察它所具有的特征，注意常人难以发现的地方。对比也是训练观察力的好方法，如，通过近期天气的变化推测其未来趋势。观察，不仅要观察其内在本质，也要着重于发现事物的变化。总之，持有一颗观察的心并付诸实践，长此以往，便可以训练出潜意识的观察能力。

第3节 为智慧插上翅膀：想象力训练

想象是一种特殊的思维形式，是人在头脑里对已储存的表象进行加工改造形成新形象的心理过程，能突破时间和空间的束缚。借助于合理的想象可以理解世界上的许多事情，观察古今中外的丰富知识，并成功进行创造性活动。只有让思想长上翅膀，让它驰骋、发散，才能实现创新。想象是智慧的翅膀，是发明和创造的基石。

在学习过程中，想象力和逻辑思维能力一样重要。它不仅可以帮助我们提高空间思维，还可以在很大程度上提高我们的学习成绩。

生涯困惑

在讨论会上刘洋觉得每次总是没什么可说的，当他看到其他的同学，对一个问题或一个关键词都可以说出 N 种可能性时，他觉得自己特别笨，自己就是想不出来，特别是最怕上写作课，最怕老师说让大家自由发挥，此时的他就头疼，因为他不知道如何办才好。因此，他总怀疑自己的智商是不是有问题。

请大家回答以下几个问题。

（1）刘洋的智商是不是出现了问题？

（2）他存在这种问题，你认为是什么原因？

（3）你在学习中也存在类似的问题吗？你是如何克服的？

生涯测试

想象力测试

下面是测试想象力的题目，请如实回答。

（1）不得已要说一个谎话时，你会（　　）。

A. 总是慌乱，不抱有希望，结果让对方听出你在说谎

B. 编造得过于详细，结果引起对方的怀疑

C. 话讲得恰到好处，令人信服

（2）你相信自己的谎言吗？（　　）

A. 相信　　　B. 不相信　　　C. 差不多相信

（3）你进来的时候，人们突然不说话了，你认为，（　　）。

A. 他们准是在谈论你

B. 这是谈话中的正常间断

C. 他们是在与你打招呼

（4）你对别人倒霉、失意的经历的反应是（　　）。

A. 流眼泪　　　　　B. 同情　　　　　　　C. 厌烦

（5）受到批评时，你会（　　）。

A. 完全拒绝批评　　B. 认为这些批评是合理的，正当的

C. 觉得做的事情总是不对的

（6）你盼望什么人来，而他却迟迟不到，你会（　　）。

A. 担心他出了什么交通事故

B. 假定他被什么事情耽搁了

C. 至少在一小时之内不会担心

（7）你在剧院或影院看演出时哭过吗？（　　）

A. 哭过　　　　　　B. 没有哭过　　　　　C. 已经有多年不哭了

（8）如果你晚上孤身一人，你会（　　）。

A. 觉得害怕　　　　B. 觉得不烦恼　　　　C. 有点怕，但是能够消除

（9）听鬼神故事时，你会（　　）。

A. 发笑　　　　　　B. 感到毛骨悚然　　　C. 对超自然的事情感兴趣

（10）在一处陌生地方睡觉被奇怪的声音弄醒时，你会（　　）。

A. 想到鬼怪　　　　B. 想到盗窃　　　　　C. 想到是热水管

（11）在看由一篇熟悉的小说改编的影片时，你（　　）。

A. 通常想到看电影更能够享受其中的乐趣

B. 通常觉得自己很失望

C. 发现这个故事由于电影的特点而改变了

（12）你空闲时，（　　）。

A. 能够以思考自娱

B. 要是能够找到事情做会觉得很快活

C. 要是有特别感兴趣的事情考虑会觉得很高兴

（13）你对一本书或一部电影还有什么更好的主意吗？（　　）

A. 经常有　　　　　B. 有时有　　　　　C. 实际上从来没有

（14）你想过在心里改写小说或电影的结局吗？（　　）

A. 只是这个故事给你很深的印象时才想过

B. 经常如此

C. 从来没有

（15）你在讲述自己的经历时，（　　）。

A. 总是夸大其词，以便把自己的经历说得更好

B. 会坦率地叙述自己的经历

C. 只修饰某些细节

（16）你幻想吗？（　　）

A. 经常　　　　　　B. 有时　　　　　　C. 很少

（17）你幻想的时候，（　　）。

A. 能够虚构出大量的、详细的、错综复杂的事情

B. 只能模糊地想出一些中意或合乎需要的情节

C. 偶尔能够把某些细节安插进去

（18）你能在想象中与别人交谈吗？（　　）

A. 只是在辩论之后才能　　　　B. 不能　　　　C. 经常

（19）你认为自己（　　）。

A. 对于冒险很有经验

B. 对冒险不感兴趣

C. 对冒险感兴趣，但不总是很有信心

（20）当你心里想着一首你喜欢的歌曲时，你（　　）。

A. 能完全清楚地听到这首歌　　　B. 只能断断续续地听到一些

C. 得小声唱才能想起来

想象力测试评分标准（表 4-3）。

表4-3

题号	A	B	C	题号	A	B	C
1	1	3	5	11	1	5	3
2	5	1	3	12	5	1	3
3	5	1	3	13	5	3	1
4	5	3	1	14	3	5	1
5	1	3	5	15	5	1	3
6	5	1	3	16	5	3	1
7	5	1	3	17	5	1	3
8	5	1	3	18	3	1	5
9	1	5	3	19	5	1	3
10	5	3	1	20	5	3	1

评价结果： 总分在 2～100 分，总的来说是分数越高，想象力就越强。

2～25 分，你的想象力是弱型，十分遗憾，似乎一点都不能进入想象的世界。你可能很注重于实际情况，很现实，不喜欢幻想。尽管如此，你也会对自己的想象力弱而感到失望。

26～50 分，你不太喜欢想象，但具有一定的想象能力，只要有可能，总是尽力去消除幻想。人们可能对你的冷静、讲求实际的做法表示赞赏。尽管如此，你也失去了想象本可以带来的乐趣。

51～70 分，你具有想象力，甚至可以站在别人的立场上去思考问题，从而使事情做得很有效果。想象会给你带来一定的好处，但你的想象力被你的见识所限制，所以应该努力扩大视野。

71～90 分，你具有很强的想象力，有时想象得过于丰富，对周围的事物过分敏感。另一方面，你可能具有较高的艺术天分，每当设法利用自己的想象力时，便产生一系列丰富的想象。

91～100 分，你具有相当强的或者说过于丰富的想象力，拥有一个非常复杂的内心世界，因此你必须勇敢地面对日常生活中的许多现实问题。

生涯名词

想象力

想象力是指导人在外界现实刺激的影响下，在头脑中对记忆的表象进行加工和改造，形成和创造出新形象的一系列过程中，表现出的一种特殊能力。想象力是人大脑中一种强大的功能，属于右脑的形象思维能力。

想象力是一种高级心理功能。它是在过去感知材料的基础上，重新创造出新事物形象的能力。这种能力在某一个人身上，可能会外在地表现为或思维活跃或语言丰富或博知睿智等，实际上是一个人观察能力、理解能力、记忆能力、分析判断能力以及创造能力的综合外化。

爱因斯坦曾说过："想象力比知识更重要。"想象力在人类历史文明发展进程中发挥了巨大的作用。想象力是一种无形的利器，开创了技术文明无限可能的未来。

想象力比知识更重要

在人的智力活动中，想象占有十分重要的地位。想象力是人类独有的才能，是人类智慧的生命线。超凡的想象力对于一个杰出人才来说是必需的。人的大脑具有四个功能区：感受区、储存区、判断区和想象区。人们运用前三个功能区的机会多，而应用想象区的机会少，一般人仅仅应用了自己想象力的15%。可以说，想象力应用得多少是评价一个人智力高低的标准之一。

爱因斯坦16岁时曾问自己"如果有人追上光速，将会看到什么现象"，以后他又设想"一个人在自由下落的升降机中，会看到什么现象"。他在充分发挥想象力的基础上，经过严格的逻辑思维和严密的数学推导，创立了相对论，获得诺贝尔奖，成为世界上最伟大的科学家之一。作为一位发明家，他的成就在很大程度上应归功于他的想象力。爱因斯坦自己也说，想象力比知识更重要，因为知识是有限的，而想象力概括着世界的一切，推动着进步，是知识进化的源泉。

知识从哪里来？知识是想象力的结果和凝固物。如果单纯吸收这些东西却缺少这些东西产生的模仿与本身力量，那必然丧失活性，永远是知识的奴隶。所以，知识是想象力的载体，想象力是知识的翅膀，想象力能使知识不断得到扩充、拓展、延伸、进化、更新和增值。想象力是人智力发展的基础和标准，是一项不可忽视的能力。

想象力和智力

1. 想象力是智力活动的翅膀

观察、记忆和思考在智力的智能元素中的作用主要是获取知识。想象力的主要功能是创造新知识，它是智力活动的翅膀。通过观察、记忆和思考获得的知识信息、事实以及一系列推论和假设都是无用的东西。在学习的过程中，有些人只能死记硬背地记住老师的结论，而不能摆脱老师和书本的框架。而有些人思维敏锐，可以将脑海中的知识和材料结合成彩色的图画，形成自己独到的见解，这就是想象力的所在。学习的整个过程是智力的综合体现。

2. 想象力是智力活动富有创造性的最基本条件

人类区别于其他动物的显著特征是富有想象力与创造力。人类思想的进步、科学事业的发展、丰富多彩的现代文明和现代社会，离不开人类的想象。想象力使人们能够突破个人经验和知识的框架，从有限的事物和无限的事物中探寻过去、推测过去、预测未来，摆脱特定事物的束缚，自由地重新组合。科学发展、技术发明、文学创作，都离不开想象力。

3. 想象力对科学发展有重大意义

想象力是人类独特的才能，是人类的智慧。在创造、发明和探索新知识的过程中，想象力是所有希望和灵感的源泉。想象力是人们极为宝贵的智力素质。丰富的想象力是创造和发明的指南，科学的想象力可以预测未来，是人们探索科学和技术的先驱。像现代微生物学的创始人法国生物学家巴斯德、电的发明家富兰克林等，他们一生都献给了他们的崇高幻想，甚至为此付出了生命。想象力是知识进化的源泉和主要科学理论的蓝图，给人们带来了更广阔的想象空间，从而推动了现代科学技术的发展。

想象力的影响因素

1. 观察能力

想象不是凭空而来的，观察是丰富信息、激发想象的来源。想象是主动的、自发的，通过观察所获得的信息和经验，能引起认知冲突，引导自己主动的想象。培养观察力，能认识事物及其特征，增加知识储备；能启发求知欲望，激发开动脑筋，多思考"是什么""为什么"，使思维处于活跃状态；对异同点的观察比较，能增加事物之间的联系，激发自己的想象。

2. 知识储备

对概念和事物特点的基本认知是构成想象力的必要条件。婴儿期是人大脑发育的快速期，这时人具有一定的学习和记忆能力，从日常生活和教育活动中获得了一定的知识储备，是形成想象力的基础。

3. 遗传因素

人的遗传基因对于想象力的发展起到了决定性作用。有研究表明，想象力的发展与个体遗传基因有密切的关系。部分人先天就具有较强的想象力，正与遗传基因有关。人脑的神经系统对想象力也有很大的影响，人天生的神经系统越发达，其想象力也就越丰富。早期的脑科学研究表明，0～3岁大脑的发育对想象力的发展影响很大。

4. 热情

热情让人产生激情，热情使人更倾注自己的兴趣领域，保持对事物的好奇心和激情，只有一直保持很高的热情，想象力才会得到良好的发展。

5. 发散性思维

制约想象力发展的一个重要因素是不变的固有思维模式，单一的思维模式影响想象力的发展，所以，思考问题的途径越多，思维越发散，想象力越丰富。

想象的表象与记忆的表象

心理学认为，表象是客观对象不在主体面前呈现时，在观念中所保持的客观对象的形象和客体形象在观念中复现的过程。

想象是人脑对已有表象进行加工改造而形成新形象的过程，是思维活动的一种特殊形式。

表象是直观的、概括的，可以在多种感觉器官上发生；而想象则是对表象的加工改造，是在头脑中发生的，并且在某种程度上超脱现实。

想象的基本材料是表象，但想象的表象又与记忆的表象有所不同：记忆的表象基本上是过去感知事物的重现，而想象的表象则是人们头脑中新创造的形象，它是对记忆表象进行加工改造，重新创造出来的新形象，这种新形象可以是世界上尚不存在或根本不可能存在的形象。

表象与想象的区别

1. 意思不同

表象：①显示出来的征兆。②标志；象征。

想象：①按照对事物的客观描述在头脑中构成形象叫再造想象；新形象的独立创造叫创造想象。②设想。

2. 侧重点不同

表象：经过感知的客观事物在脑中再现的形象。想象：在改造记忆表象的基础上创造出新形象的心理活动。

3. 属性不同

想象是一种思维方式，是人在头脑里对已储存的表象进行加工改造形成新形象的心理过程。表象是一种感性形象，包括记忆表象和想象表象。前者指感知过的事物不在面前而在脑中再现出来的事物的形象。后者指对知觉形象或记忆表象进行一定的加工改造而形成的新形象。

想象力的必要条件

想象力的必要条件主要有以下五个方面。

1. 环境影响

环境是重要的教育资源。想象力往往受到环境的影响：一是家庭环境，如果能够营造一个温馨和谐的家庭氛围，让我们感受到爱与关怀，对培养想象力的成长也会产生积极的影响；二是想象力的成长也需要多元化的学习环境，包括学校、社区、博物馆等多个方面。学校的艺术、文学、科学课程都可以拓宽我们的视野，激发我们的好奇心和创造力。

2. 支持经验

对概念和事物特点的认知是想象力发展的必要条件。想象力的成长需要有知识的积累，一定的知识储备可以帮助我们展开丰富的想象。想象无非是对已有的知识、表象和经验进行改造、重新组合、创造新形象。因此头脑中储存的表象、经验和知识越多，就越容易产生想象。所以，要积累渊博的学识和丰富的经验。如果我们的知识和经验缺乏，就会进一步限制我们的认知能力。因此，努力学习科学文化知识，积极参加科技、文艺、体育等活动，不断丰富生活经验，都能为发展想象力创造良好的条件。

3. 好奇心

一位科学家曾说：好奇心是创造精神的源泉，是想象和智慧的推动力。好奇心永远是科学的推动力，它可以激发人的兴趣，开发人的想象力，使人能够全身心地投入创新的活动中。因此，我们应该珍惜和善待我们的好奇心，保持探索世界的求知欲，激发我们的好奇心，让我们的想象力始终处于活跃状态。

4. 善于观察

首先要学会观察，获得感性体验，不断丰富自己的表象。表象是想象的基础，表象贫乏，想象也会枯竭。正确仔细地观察各种直观教具，广泛深入地观察和分析事物，就能不断丰富人的表象并发展我们的想象力。因此，我们可以多走向大自然，多和外界社会接触。有意识地去探索与发现身边的事物，在充分观察的基础上发挥想象。

5. 勇于挑战

增加我们想象的机会，避免局限在固有模式。要用开放的心态，去开发事物的新用途、寻找解决问题的新方法。要养成积极思考的习惯，以便打开想象力的大门。想象和思维是紧密联系的。在学习和实践中，要大胆质疑，勇于挑战和探索，多问"为什么"，培养好奇心和广泛的兴趣爱好，就能逐渐打开想象的大门，不断发展创造想象的能力。

如何培养想象力

想象是在外界刺激物的影响下，对人脑中已有的表象经过改造和加工产生从来没有接触过的新形象的心理过程。它与感知、记忆、思维有着密切的关系。简单地说，没有感知和记忆，想象就成了空想。因此，想象是一种很重要的学习能力。如何培养想象力呢？

1. 扩大知识面，储备丰富表象

人的想象不是凭空产生的，所有的想象都是利用感知所形成的表象而创造出来的。因此，广泛的感知、丰富的经验、渊博的知识是培养想象力的基础。那怎样扩大知识面呢？最重要的就是加强课外阅读。加强课外阅读要广泛涉猎各类学科，才能在大脑中储备尽可能多的表象，不断积累感性材料，想象是对头脑中已有的形象进行加工和改造的心理过程。通过多观察、多留意生活，采取参观、考察和社会实践等形式，不断积累感性材料，为想象思维准备丰富的素材。因此大脑中储存的知识越多，形象思维越活跃，想象力就越强。课外阅读是扩大知识面，培养想象能力的有效措施。

2. 培养发现问题、提出问题的心理品质

巴尔扎克曾说过："打开一切科学的钥匙都毫无异议的是问号，我们大部分的伟大发现应该都归功于'如何'，而生活的智慧大概就在于逢事都要问个为什么。"敢于发现问题、善于发现问题和敢于提出问题，是一种极有价值的智力素质，这里包括观察、好奇、怀疑、爱问、追问等。对于我们来说，观察怀疑、想象思考以及永不满足的好奇心所产生的种种追求，可以引导我们去选择新的目标，连续进行学习和研究。

3. 积极参加创造活动

创造活动特别需要想象，想象也离不开创造活动。世界上一切事物虽然形态不同、质量有别，但是客观事物都不是独立存在的，而是有着千丝万缕的联系。在学习活动中，我们利用此一事物同彼一事物之间的联系，科学运用联想法，就像积木一样，不同排列组合会产生许多新的形状，你可以把你的"素材库"打开，从中选择不同的"素材"进行不同的排列组合，并通过排列组合想象创造出完全不存在的物体形象。因此，积极参加各种创造活动，是培养想象力，特别是创造想象最有效的途径之一。

4. 培养正确想象

想象是青少年的一种宝贵品质。但一个人必须把想象与现实结合起来，并且积极地投入实际行动，否则想象就成了永远脱离现实的空想。中学时期是创造力的萌芽时期，因为我们有着强烈的好奇心，很容易被激发出求知欲，好学、好问、好想象。

5. 多途径开发想象区和右脑

脑科学家发现人的大脑有四个功能区，即感受区、储存区、判断区、想象区。在日常生活中，经常动用的只有前三个区，而想象区一般只被动用15%左右，一般的人对想象区潜力的挖掘是不够的。1981年获得诺贝尔生物学奖的罗伯特·斯佩里博士提出了大脑两半球各司其职，功能互补的观点。大脑左半球

的功能与理解能力相对应，大脑右半球的功能与想象能力相对应。按照这一观点，多参加智力竞赛、多参加手工活动等都可以起到开发大脑右半球和发展想象力的作用，激发右脑潜能，培养想象力。

生涯故事

想象力改变生活

戴尔在少年时期就想象力丰富，奇思妙想迭出。读高三时，戴尔经常听到同学们谈论想买电脑，但由于售价太高，许多人买不起。

戴尔想道："为什么不由制造商把电脑直接卖给用户呢？我如果把制造商的电脑比以商场上便宜的价格直接卖给用户，肯定会受欢迎。"

戴尔知道：IBM公司规定，经销商每月必须提取一定数额的个人电脑，而多数经销商都无法把这些货全部卖掉；而如果存货积压太多，经销商会损失很大。

于是他找到经销商，他们为了周转资金，当然是求之不得，于是按成本价把积压的电脑卖给了戴尔。

戴尔把电脑拉回宿舍，加装配件，改进性能。这些经过改装的电脑，价格便宜，性能先进，很受欢迎。戴尔见到市场需求巨大，于是在当地刊登广告，以市场零售价的八五折推出那些改装过的电脑。经过和父母协商，父母同意戴尔在暑假试办一家电脑公司，如果办得不成功，就要继续回学校读书。得到父亲的应允后，戴尔拿出全部积蓄创办了戴尔电脑公司。戴尔仍然专门直销经他改装的IBM个人电脑，第一个月营业额便达18万美元。高中毕业的时候，戴尔公司每年营业额已达7000万美元。后来，戴尔停止出售改装电脑，转为自行设计、生产和销售自己品牌的电脑……

看完这个故事，请思考以下问题：

（1）是什么改变了戴尔的人生命运？

（2）培养想象力很重要，它能给我们带来哪些改变？

生涯训练

1. 下面是有关想象力训练的题目，请大家思考一下

（1）6个苹果，用一根5米长的绳子，每隔1米挂一个，正好。现在吃掉了1个苹果，要求还要用这根绳子，仍然是每1米拴一个苹果，绳子不剩，应该怎样拴？

（2）哥哥用绳子做了一个直径3米的圆圈框住弟弟，弟弟一下子就跳出去了。哥哥说："好，我用这条绳再做一个圈，让你永远也跳不出去。"你知道哥哥做的是什么圈吗？

（3）用14根火柴，摆了两只倒扣着的杯子（图4-8），只要移动5根火柴，就可以让杯子的口倒过来。该怎么移动呢？

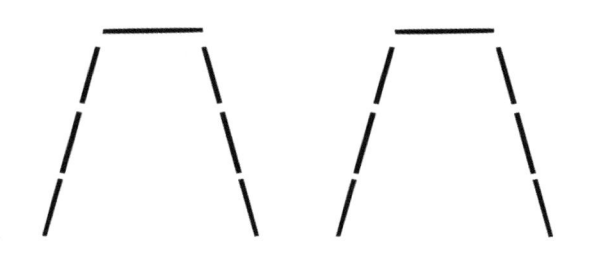

图4-8

（4）在8与9之间加个什么记号，可以得到一个大于8且小于9的数。

（5）想一下，你所见到的影子中，什么影子最大？

（6）世界上什么东西最长又最短、最快又最慢，能分割最小又能扩展到无穷大，最不受人重视而又最受人珍惜。没有它，什么事都做不成。那是什么？

（7）一个国王想难住一个小神童，问："王宫前的水一共有多少桶？"小神童眨了眨眼睛，说出了令国王满意的答案。猜一猜，小神童是如何回答的？

（8）三头牛和三只虎要渡河，只有一条小船，每次能装两头过河，但不能空船回来，为了防止虎吃牛，在一边岸上的牛数不能少于虎数。应该怎样渡？

至少需要渡几次?

参考答案

(1) 把绳子的一头拴在另一头的苹果上,就成了一个圈(图4-9)。

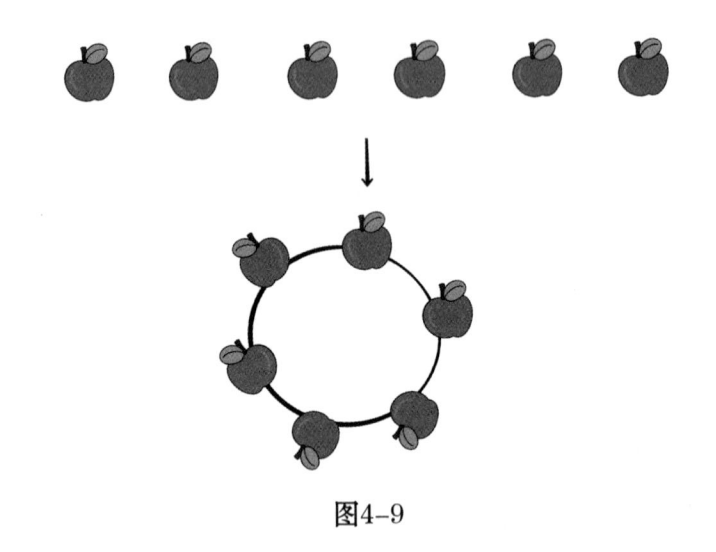

图4-9

(2) 哥哥把绳子绑在弟弟身上,弟弟当然跳不出去了。

(3) 依照图4-10移动,杯口可以倒过来。

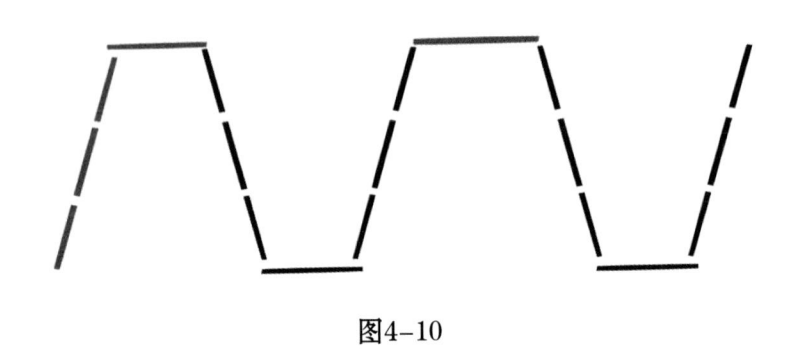

图4-10

(4) 加个小数点,得8.9。

(5) 地球的影子。

(6) 时间。

(7) 至少需要6次。

(8) ①一牛一虎过河,一牛返;②二虎过河,一虎返;③二牛过河,一牛一虎返;④二牛过河,一虎返;⑤二虎过河,一虎返;⑥二虎过河。

2. 由一个西瓜（图4-11），你想到了什么？

图4-11

我们可以发挥自己的想象，用思维导图的方式表达与之相关联的事物，我们想得越多，说明我们拓宽想象力的空间与视角越宽广。通过这样的训练可以促进想象力的开发，并且可以将这种方法运用到我们的生活与学习中（图4-12）。

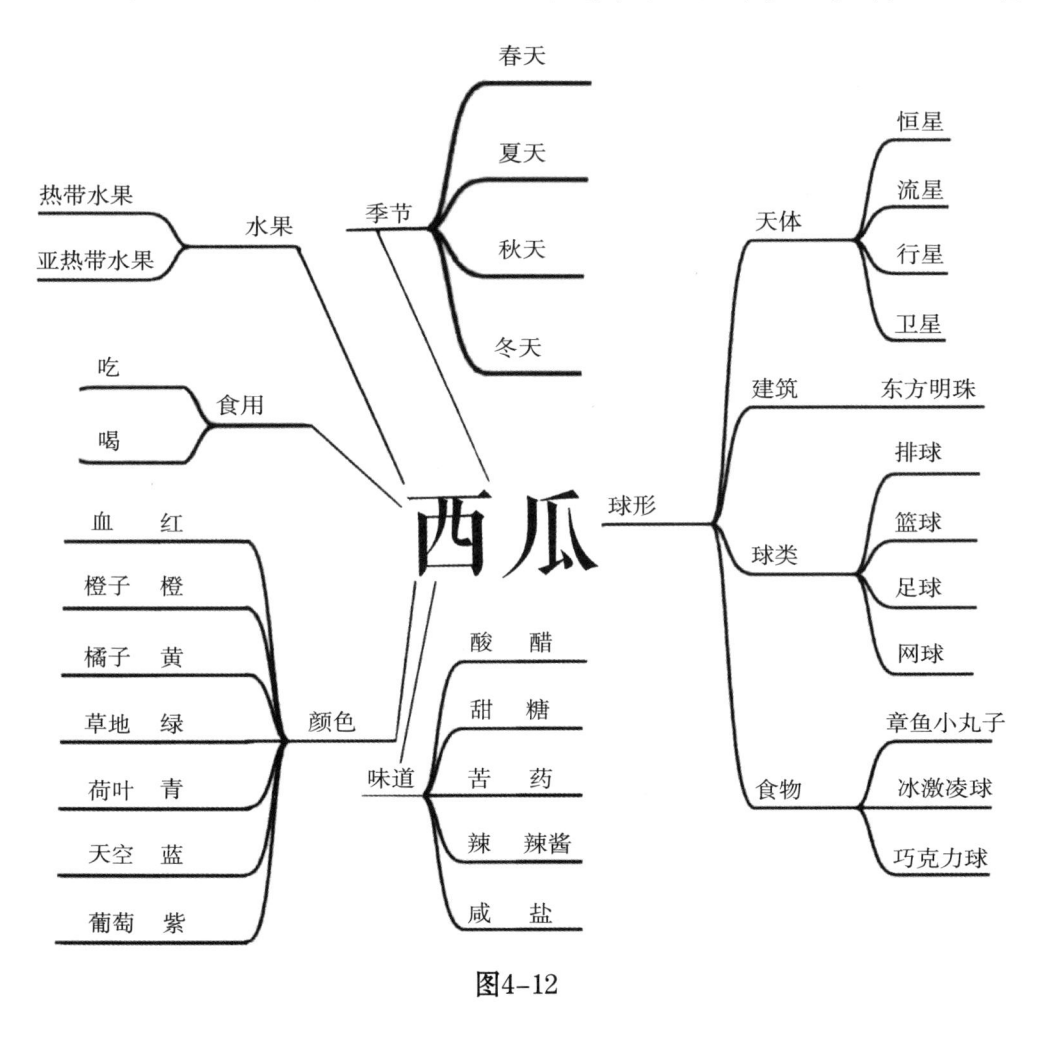

图4-12

3. 用系统发散法对"火车"展开想象（图4-13）

图4-13

生涯人物

他们用头脑改变了世界

科学脑洞界的大神——爱因斯坦

爱因斯坦在30岁以前并不是一个特别厉害的人，但是在30岁那年他连续发表了10篇论文，在本质上改变了世界。他不仅打破了牛顿的经典力学体系，而且让我们第一次从本质上来看待宇宙的构造。他向我们解释了宇宙是一个几何的框架，而且提出了光速不可超越。通过解释光电效应，他证明了光具有波粒二象性，获得了当年的诺贝尔奖。另外，他的质能转化定律也使得核武器成为可能，核能也是目前人类所能掌握的最为熟练的一种极端性的能源。

最有灵感的画家——达·芬奇

虽然达·芬奇被他的时代所束缚，但是他的创造却远远超过了那个时代的极限。他不仅发明了机器人原型，而且造出了坦克模型，甚至还造出了飞机的大概模型。他的奇思妙想远远超过了当时的时代局限，甚至连现代人都无法理解。其中最著名的油画《蒙娜丽莎》，就是现代科技也无法完全破解画中的秘密。更有传说认为达·芬奇曾经也创造过时光机，但最终因为能源的限制不得不放弃。

密码学家——图灵

图灵不仅是一位非常高端的密码学家，而且是最为出色的科学家之一。他的聪明才智超过了那个时代的任何人，他不仅发明出了计算机的原型图灵机，而且直接跳开了计算机提出了人工智能的概念。让人没想到的是，机器人还没出现的时候，他就已经提出了图灵测试，来检测一个机器人是否拥有人类的智能。后来当冯·诺依曼创造出计算机的时候，冯·诺依曼拒绝接受诺贝尔奖，并且自称自己只不过是在图灵的基础上进行的改进。

神的人物——特斯拉

特斯拉是科技史上唯一一位被称为神的人物。他一生中最大的对手是爱迪生，他的发明成就囊括了整个人类的衣食住行甚至未来。传说他研发出了球状闪电，通古斯大爆炸就是他实验的成果。他甚至在当时自称造出了时光机，利用电能打开时空之门。而且我们现在普遍使用的交流电就是他发明的，他的聪明才智盖过了爱迪生。虽然最后输给了公关和企业，但是他却赢在了科技创新上，成为现代人无法忘怀的传奇人物。

炸药大王——诺贝尔

在世界科学史上，有这样一位伟大的科学家——他不仅把自己的毕生精力全部贡献给了科学事业，而且在身后留下遗嘱，把自己的遗产全部捐献给科学事业，用以奖掖后人，向科学的高峰努力攀登。今天，以他的名字命名的科学奖，已经成为举世瞩目的最高科学大奖。他的名字和人类在科学探索中取得的成就一道，永远地留在了人类社会发展的文明史册上。这位伟大的科学家，就是世人皆知的瑞典化学家阿尔弗雷德·伯恩哈德·诺贝尔。

诺贝尔1833年出生于瑞典首都斯德哥尔摩。他的父亲倾心于化学研究，尤其喜欢研究炸药。受父亲的影响，诺贝尔从小就表现出顽强勇敢的性格。他经常和父亲一起去实验炸药，几乎是在轰隆轰隆的爆炸声中度过了童年。诺贝尔到了8岁才上学，但只读了一年书，这也是他所受过的唯一的正规学校教育。为了使他学到更多的东西，父亲让他出国考察学习。在两年的时间里，他先后去过德国、法国、意大利和美国。由于他善于观察、认真学习，知识迅速积累。很快成为一名精通多种语言的学者和有着科学训练的科学家。回国后，在工厂的实践训练中，他考察了许多生产流程，不仅增添了许多实用技术，还熟悉了工厂的生产和管理。就这样，在历经了坎坷磨难之后，没有正式学历的诺贝尔，终于靠刻苦、持久的自学，逐步成长为一位科学家和发明家。

诺贝尔一生的发明极多，获得的专利就有255项，其中仅炸药就达129项。他的发明兴趣不仅限于炸药，作为发明家、科学家，他有着丰富的想象力和不屈不挠的毅力，他勇于探索的精神给后人留下了深刻印象。诺贝尔把他的毕生心血都献给了科学事业，为人类的发展与进步作出了巨大的贡献。

第4节 探寻记忆的奥秘：记忆力训练

记忆是事物在头脑中的一种反应，涉及神经、心理两个学科，它与人的智力及学习能力密切相关。学习离不开记忆，记忆的核心是知识的存储，学过的知识，只有记住才能发挥作用，离开记忆，一切学习的活动都失去意义。

许多学生常常抱怨自己的记忆力不好，实际上记性之所以有差异，是因为每个人大脑记忆的规律和对提高记忆能力的方法掌握程度不同。记忆方法的学习对学生来说是受益终身的，因此，加强记忆力的训练对提高学生的智力及学习能力具有重要意义。

生涯困惑

小轩近来感到非常烦恼，他发现自上了初中以来，自己有好多东西都记不起来，比如，语文老师布置背课文，以前自己背得特别快，可现在发现自己读了好多篇，就是记不下来。因此，学习成绩也开始下滑了，他感到十分困惑。

请大家思考以下几个问题，集体讨论分享。

（1）小轩学习上出现了什么问题？

（2）小轩发生这种问题的原因有哪些？

（3）为什么记忆力对学习那么重要？

生涯测试

（1）下面有一行数字，共12个。请在1分钟内用"心"记，然后把记住的数字写出来，写的时候可以不按照原顺序。

  63 85 34 27 59 48 92 47 12 75 28 41

请观察你所写出来的数字，中间4个数字，与前后4个数字，哪一项你记得牢？

_____

_____

（2）以下有4组记忆内容，A、B两组是数字，C、D两组是汉语词组，每组将分别展示15秒，再给20秒回忆时间，回忆时请把记住的内容写在纸上。

A. 365 108 1949101 1990

B. 637 293 7162613 8091

C. 春天 咖啡 马上 狮子 悲伤 飞机

D. 工问 类方 开意 可沙 续司 公提

生涯名词

记忆力

记忆力是指一个人对所经历过的事情、行为以及知识等内容进行识记、保持、再认识和重现的一种能力。记忆力是大脑获取信息，又能根据需要提取出来运用的能力。如果想让记忆的材料进入长时记忆，经过一段时间仍然再认识和重现，就需要对记忆材料进行加工，也就是我们说的学习和复习的过程。

记忆力中包含有注意力、观察力、想象力等要素，它是智力的第一要素。记忆有多种不同的形式，像短期记忆、长期记忆、程序性记忆、声明式记忆、对路线的记忆、对地标的记忆，等等。人类的短时记忆或瞬间记忆的容量是有限的，也就是说人类的短时记忆只能容纳一定数量的信息。当我们在接收信息的时候，如果超出了短时间的容量限制，那就会导致一些信息被遗忘，此外短时记忆还有一个时间的限制信息，在短时记忆中信息储存的时间通常不超过几秒，因此如果没有及时地将信息转化成长时记忆，那么这些信息就很容易被遗忘。

不同的记忆储存在大脑里的不同地方。比如海马体负责大脑的短期记忆。对于情感的记忆一般存在大脑的杏仁核中。对于坐标的记忆位于内嗅皮层。对于音乐的记忆存在大脑的几个不同地方。其中一个重要区域是额叶的前端，几乎就在前额的中央位置。如果大脑的某些部分比较发达，相关的记忆功能就强一些。不过，长期记忆的能力强，并不意味短期的记忆也好；即使长期短期记忆都好，也未必擅长记路线；即使擅长记路线，也未必擅长记忆音乐和歌曲。当然，也有人的大脑各个方面都好，不仅过目不忘、过耳不忘，而且过口不忘。

艾宾浩斯记忆规律曲线

德国有一位著名的心理学家名叫艾宾浩斯（Hermann Ebbinghaus，1850～1909），他在1885年发表了实验报告后，记忆研究就成了心理学中被研究最多的领域之一，而艾宾浩斯正是发现记忆遗忘规律的第一人。

记忆的保持在时间上是不同的，有短时记忆和长时记忆两种。而我们平时的记忆过程是这样的：输入的信息在经过人的注意过程的学习后，便成为人的短时记忆，但是如果不经过复习，这些记住的东西就会遗忘，而经过及时的复习，这些短时记忆就会成为一种长时记忆，从而在大脑中保持很长时间。那么，对于我们来讲，怎样才叫作遗忘呢？所谓遗忘就是我们对于曾经记忆过的东西不能再认，也不能回忆起来，或者是错误地再认和回忆，这些都是遗忘。艾宾浩斯在做这个实验的时候是拿自己作为测试对象的，他得出了一些关于记忆的结论。他选用了一些根本没有意义的音节，也就是那些不能拼出单词的众多字母的组合，比如 asww、cfhhj、ijikmb、rfyjbc，等等。他经过对自己的测试得到了一些数据。

时间间隔记忆量：刚刚记忆完毕，记忆量达 100%；20 分钟之后，记忆量达 58.2%；1 小时后，记忆量达 44.2%；8～9 个小时后，记忆量达 35.8%；1 天后，记忆量达 33.7%；2 天后，记忆量达 27.8%；6 天后，记忆量达 25.4%；一个月后，记忆量达 21.1%。这就是我们说的遗忘规律。

然后，艾宾浩斯又根据这些点描绘出了一条曲线，这就是非常有名的揭示遗忘规律的曲线：艾宾浩斯遗忘曲线（图 4-14），图中竖轴表示学习中记住的知识数量，横轴表示时间（天数），曲线表示记忆量变化的规律。

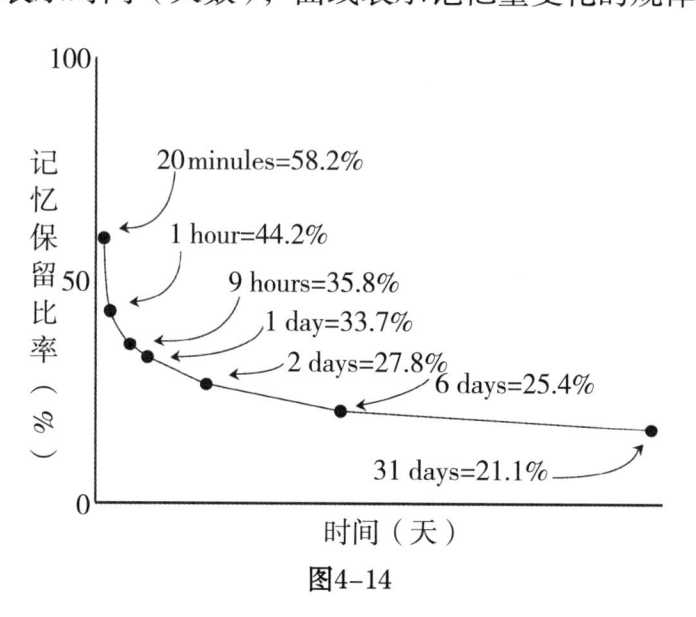

图 4-14

这条曲线告诉人们在学习中的遗忘是有规律的，遗忘的进程不是均衡的，不是固定的一天丢掉几个，转天又丢几个，而是在记忆的最初阶段遗忘的速度很快，后来就逐渐减慢了，经过相当长的时间后，几乎就不再遗忘了，这就是遗忘的发展规律，即先快后慢的原则。观察这条遗忘曲线，你会发现，学得的知识在一天后，如不抓紧复习，就只记住原来的25%。随着时间的推移，遗忘的速度减慢，遗忘的数量也在减少。有人做过一个实验，两组学生学习一篇课文，甲组在学习后不久复习一次，乙组不予复习。一天后，对课文内容的记忆，甲组保持98%，乙组保持56%；一周后甲组保持83%，乙组保持33%。乙组的遗忘平均值比甲组高。

人的大脑是一个记忆宝库，人脑经历过的事物，思考过的问题，体验过的情感和情绪，练习过的动作，都可以成为人们记忆的内容。例如，学习英语单词、短语和句子，甚至文章的内容都是通过记忆完成的。从记到忆也有个过程，其中包括了识记、保持、再认和回忆。很多人在学习英语的过程中，只注重当时的记忆效果，殊不知，学习内容的记忆是要下一番功夫的，单纯地注重当时的记忆效果而忽视了后期的保持和再认，同样达不到良好的效果。

在信息的处理上，记忆是对输入信息的编码、储存和提取的过程，从信息处理的角度上讲，英文的第一次学习和背诵只是一个输入编码的过程。人的记忆的能力从生理上讲是十分惊人的，它可以存储1015比特（byte，字节）的信息，可是每个人被挖掘的记忆宝库只占10%，还有更多的记忆发挥空间。这是因为，有些人只关注了记忆的当时效果，却忽视了记忆中更大的问题，即记忆的牢固度问题，这牵涉到心理学中常说的关于记忆遗忘的规律。

记忆曲线并不考虑接受试验者的个性特点，而是寻求一种处于平衡点的记忆规律。具体到我们每个人，因为我们的生理特点、生活经历不同，可能导致我们有不同的记忆习惯、记忆方式、记忆特点。规律对于自然人改造世界的行为起到催化作用，如果与每个人的记忆特点相吻合，那么就如顺水扬帆，一日千里；如果与个人记忆特点相悖，记忆效果则会大打折扣。因此，我们要根据自己的特点，寻找到属于自己的艾宾浩斯记忆曲线。

记忆训练

提高记忆的最佳途径是提升对信息的存取速度。在众多记忆材料的类型中，按照最容易记忆或者说最难遗忘的规律排序：图像、声音、文字、数字。

如图4-15所示，人们在对材料进行记忆的过程中，图像和声音运用的都是右脑，而文字和数字则是属于左脑的记忆。那么训练的目的就是如何把记忆的材料从左脑的记忆转化为右脑的记忆，或者左右脑相互作用进行记忆。

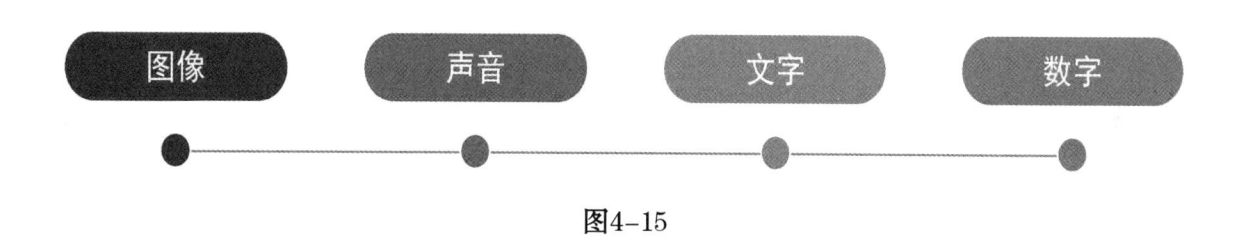

| 图像 | 声音 | 文字 | 数字 |

图4-15

影响记忆力的因素

记忆力是指信息在大脑内储存和提取的能力。通常情况下，人的记忆力会随着年龄的增长而逐步减退，这是一种正常的生理现象。影响我们记忆力的因素有以下四种。

1. 生理性因素

海马体是我们大脑中负责短时记忆的存储转换和定向等功能的区域，通常会随着年龄的增长而逐渐退化。此外，保护和修复脑细胞以及刺激神经生长的激素和蛋白质也会随着年龄的增长而下降。按照生理角度，当外界刺激超过记忆储存和提取的能力时，记忆力就会下降。另外，心理因素，如抑郁、焦虑和失眠，也会干扰记忆过程，导致记忆力下降。当外界刺激减少或停止，心情放松时，经过一段时间的提示，可以恢复记忆力。

2. 注意力

注意力集中在记忆的东西上，只有当你全神贯注时，信息和物体才会深深地印在大脑皮层中。反之，注意力不集中，记忆力就会下降。

3. 睡眠

心理学实验证明，心情好、精力充沛的人，记忆效果会好，反之记忆效果不好。如情绪的影响，睡眠充足等都会对人的记忆力有影响。斯坦福大学的研究者发现，被试者在48小时没有睡觉后，已经无法记住事情，学习效率下降到13%。在严重缺觉的情况下，小憩十几分钟也能改善记忆力。睡眠对记忆健康有重要影响：睡眠在记忆和其他认知过程中起着重要作用。贝勒大学和埃默里大学的科学家们回顾了大量研究（50多年的研究），睡眠在记忆和其他认知过程中有重要的作用。对于学生而言，经常熬夜容易导致记忆力下降，睡眠质量差会影响记忆力的发展。

4. 不良生活习惯

有规律的生活习惯有助于人的身心健康发展，中学时期正处在长身体的时期，因此，形成良好的生活习惯对学业发展是有很大帮助的。反之，酗酒、吸烟，酒精对脑细胞有麻痹作用，经常过量饮酒会导致部分记忆丧失；而吸烟不仅会影响血压，使脑部供血量减少，脑血管阻力增大，烟中所含的尼古丁也会对脑细胞产生破坏，这些都会造成大脑功能损害，直接影响记忆力。

如何提高记忆力

培根说："一切知识，只不过是记忆。"心理学家认为：每个人都有较好的记忆力，但善于利用它的人却不是很多。那么，怎样提高记忆力呢？

1. 明确记忆目标

明确自己要达到的目标，将自己的注意力集中，时刻提醒和鞭策自己去完成任务。有计划有目标地完成每天的学习任务。实践证明，在其他条件相同的情况下，有明确的记忆目的，则记忆力持久且强劲，反之则短暂而微弱。

2. 情绪稳定，心情愉悦

尽量避免过度紧张、焦虑和激动，防止不良情绪对于脑细胞造成强烈的刺激。同时要加强思想修养、提高心理素质、妥善处理各种关系，以和谐、宽松、愉快的心情对待周围的人和事，才能有利于预防智力和记忆力的减退。

3. 科学用脑

人的学习活动都是由大脑皮层相应的区域主管，进行这些活动时，在大脑皮层相应的区域就有相应的兴奋点。如果兴奋点长时间在"某一区域"出现，就会使该区域产生疲劳，注意力分散，思维迟钝，记忆力减退。适当休息就会使大脑皮层原来兴奋、劳碌工作的相应部位得以平静，消除疲劳。心理学家的实验证明：在记忆新事物时，每记忆30分钟后，中间休息5分钟，其效果远远超过长时间的连续记忆。科学家贝尔纳说过："良好的方法能使我们更好地发挥运用天赋的才能，而拙劣的方法可能阻挡才能的发挥。"掌握了科学的记忆方法，能够帮助我们用少的时间和少的精力，以较快的速度达到学习目的。

4. 作息规律

良好的作息规律是记忆力的润滑剂。保持良好的作息与生活规律，有助于提高记忆力。研究证明，合理地利用生物钟，掌握最佳学习时间，能有效提高学习效率。

5. 均衡营养

大脑活动需要提供科学营养，要有较强的记忆力，需要有一个健全的大脑以及良好的大脑环境，要增加脑部的营养，还要多进食富含B族维生素、维生素C的食物，以及富含矿物质、胆碱的食物，比如杏、香蕉、橙子、葡萄、海藻、鱼、牛奶、蛋黄、大豆、胡萝卜、卷心菜等。精氨酸是一种氨基酸，被称为大脑食粮，能够增强记忆力，提高记忆的商数。在饮食方面要保证摄入足够的蛋白质(如鸡蛋、瘦肉、海鲜、黄豆等)，它是脑神经细胞间传递信息的桥梁，对增强人的记忆力大有裨益。此外，常吃胡萝卜，合理搭配蔬菜、水果，都有助于保证大脑的新陈代谢。

6. 学会遗忘

根据遗忘理论的解释，大脑中的记忆痕迹随着时间的推移而衰退，学习会改变中枢神经系统，除非定期地使用或复述信息，否则这种信息就会逐渐衰退，最终完全消失。在学习程度相等的情况下，识记内容越多忘得越快，材料少则遗忘较慢。因此，学习时要根据内容的性质来确定学习的数量，找出遗忘成因及遗忘规律，根据自己的实际情况，因时、因地、因材采取具有实效的记忆策略。

提高记忆力的具体方法

1. 暗示记忆法

思维主体在进行学习或记忆的时候，通过对大脑施加暗示的方法来建立无意识的心理倾向，以激发个人心理潜力，制造学习动机，提高记忆力、想象力、创造力。

暗示记忆法的第一种方法是体态暗示法。这种暗示法是指暗示者用自己的语言、表情或其他非语言动作作为暗示信息，将自己的赞赏、鼓励、喜悦等情绪传递给被暗示者，使被暗示者在有意无意之间受到暗示者的感染、影响，从而形成积极、自信、乐观的心理状态。

暗示记忆法的第二种方法是活动暗示法。该暗示法的主要目的是通过一些游戏活动，让所有人都参与到学习中。比如，在学习过程中插入击鼓传花回答问题的游戏，学习者就可以在进行游戏的过程中，获得展示自己、体验成功的乐趣。

暗示记忆法的第三种方法是自我暗示法。事实上，每个人内心中都有一个"自我"，这个"自我"可以指引我们的思维方式和自我意向，而控制这个"自我"的方法就是自我暗示。

2. 多感官刺激记忆法

多感官刺激记忆法，就是同时动用我们的多种感官来进行记忆，视觉、听觉，触觉，嗅觉和味觉，全部调动起来共同记忆资料。首先是视觉，通过眼睛来接收外界的信息；其次是听觉，就是靠耳朵来听、接收知识；再次是触觉，就是去感知身边的一切；最后是嗅觉和味觉。通过多种感知刺激大脑，借助自己已经熟悉、知道的内容去记忆新的知识点，以旧带新，充分调动记忆中枢提升记忆力。

3. 建立链接法

建立链接法是指在记忆大量资料的时候，运用链条环环相扣的原理，将互不关联的资料一环扣一环紧密地联系在一起，打造出一条拥有生动画面的记忆链条，从而达到提高记忆力的目的。在学习过程中，为了提升记忆的速度和效率，通过转换给大脑以一个直观、鲜明、稳定和整体的感知，让大脑迅速联想发散，引发人的情绪色彩，产生跳跃式的想象，形成形象思维。

4. 联想记忆法

用联想来增强记忆是一种很常用的方法。主要利用事物间的联系通过感知或思考的事物想起有关的另一事物，或者由头脑中想起的一件事物，又引起想到另一件事物，因而在思维中，联想是一种基本的思维形式，是记忆的一种方法。经常形成联想和运用联想，就可增强记忆的效果。联想是有规律可循的，联想的规律有接近律、类似律、对比律、因果律等，有接近联想、类似联想、对比联想、因果联想。

5. 图示记忆法

图示记忆法就是将记忆内容编成"示意图"以利于记忆的方法。据心理学家研究，文字材料与形象材料相比，记忆效果相差悬殊。美国图论学者哈拉里曾强调说："千言万语不及一张图。"大量的生活经验也告诉我们：形象的东西比抽象的东西好记。利用图表、图示等材料，把知识之间的联系和关系表示出来，既便于理解，又利于记忆。

6. 音乐辅助法

经常听轻松的、愉快的、舒适的或欢乐的音乐，对大脑皮层以及大脑边缘系统的活动大有益处。在音乐的刺激下，人体内的一些有益的化学物质如乙醇胆碱的释放量会增多，而乙醇胆碱被认为是大脑细胞之间信息传递的神经递质，所以，乙醇胆碱的增多是增进记忆的动能，并能促进人体生理效应。另外，音乐对于人体代谢活动和改善心理卫生都有促进作用。在烦躁的时候，音乐会为你散虑消愁；欢乐时更能使你心旷神怡。经常听轻松悦耳的音乐，会使你保持乐观的情绪，对生活、学习充满兴趣和自信，而这些都潜移默化地达到增进记忆的效果。

7. 记忆宫殿法

记忆宫殿法也叫地点法，就是按照一定的顺序，选择一些固定的、你熟悉的地点，按照地理位置或者你指定的顺序进行编号，可以把大脑想象成一个宫殿，其中有很多间房子，每个房间有很多格子，这样把需要记忆的东西都放在里面，同时通过生动的联想，越是奇特夸张的事物越记忆犹新。记忆宫殿是一个暗喻，象征着任何我们熟悉的、能够轻易地想起来的地方。任何事物都可作为记忆宫殿，用空间顺序辅导记忆。

8. 谐音记忆法

谐音记忆法，即运用抽象记忆法，通过读音的相近或相同的方式，把所记内容与已经掌握的内容联系起来记忆。适用于记忆一些抽象、难记的材料。

谐音记忆法是把需要记忆的知识通过谐音组合到一块，然后联想创造出一种意境的记忆方法。对于难记忆的知识利用谐音联想记忆，便于想象，能极大地调动自己的积极性和兴趣性，收到"记中乐，乐中记"的艺术效果（图4-16）。

许多学习材料很难记忆，在它们之间不易找出有意义的联系，例如，历史年代、统计数字等。如果对这些学习材料利用谐音加某种外部联系，就便于储存、易于回忆了。

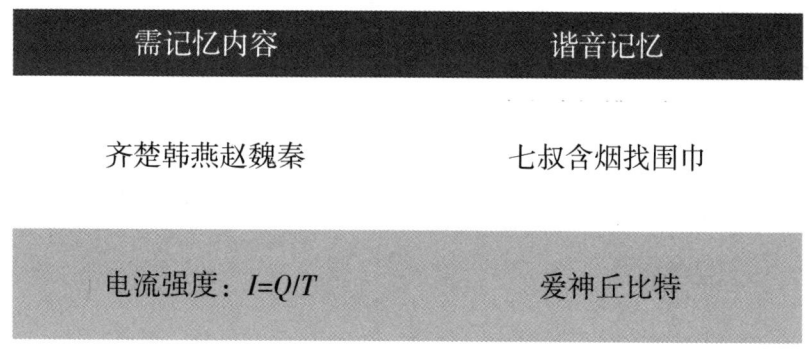

需记忆内容	谐音记忆
齐楚韩燕赵魏秦	七叔含烟找围巾
电流强度：$I=Q/T$	爱神丘比特

图4-16

9. 化整为零法

化整为零记忆法的依据就是整体由相互联系、不可分割的要素、环节构成的。一本书、一节课都可看作是一个整体，都是由若干个不可分割的部分构成的，要掌握所学的知识，就需要化整为零，循序渐进地记忆。化整为零记忆法使复杂、烦琐的问题简单化，强化了记忆的效果。

10. 心理视图法

当用于视觉器官的图像刺激迅速移去后，图像随即在视觉记录器中被登记，并保留一瞬间，这就是图像记忆。在头脑中积累、保持、提取个体经验的心理过程又称寄存器或瞬时记忆，是感觉信息第一次到达感官的第一次直接印象，也称工作记忆，是信息加工系统的核心。感觉记忆中经过编码的信息进入短时记忆。短时记忆中的信息保持时间短，容量有限的信息经过编码加工后，在头脑中储存，这种储存是有秩序的、分层次的。信息按一定类别组织起来，并依照共同特性，形成多层次的概念体系，将信息在短时记忆里保持一段时间，使之处于活动状态。

用联想、想象等方法把要记忆的内容转换成心理图像，这个心理图像越清晰、越形象越好，还可以很荒谬。

11. 记忆规律法

记忆规律法是寻找和推导记忆事物中本质的、必然的联系并加以记忆的方法。由于规律具有普遍性和重复性的特点，只要抓住事物的这一共性，就能联系个性。运用规律进行记忆显然是一种较为高级的记忆方法，它最直接、最突出的优点是可以减轻大脑记忆的负担，从而掌握一把可解开多种难题的钥匙（图4-17）。

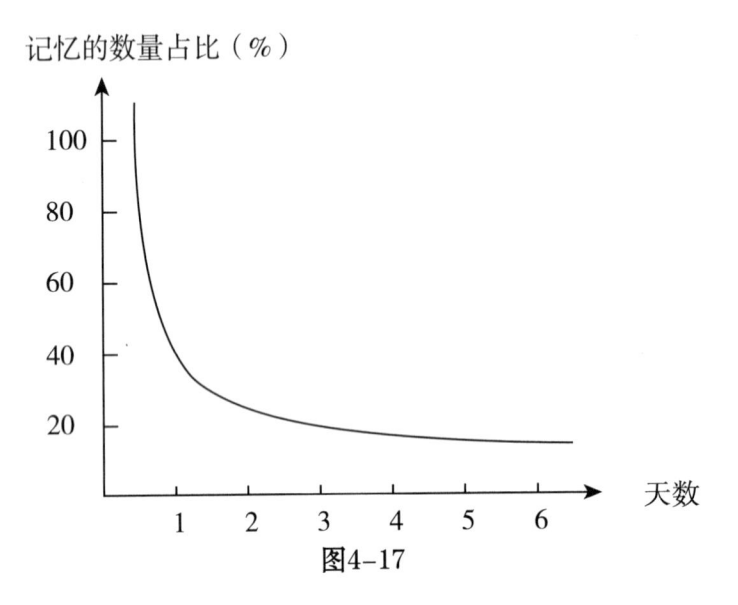

图4-17

生涯训练

心理视图法记记训练

运用心理视图法记忆下列词语：

墙纸 冰激凌 山 剪刀 裙子 绳子 指甲 护士 镜子

联想：一个穿着花裙子，留着长长指甲的护士，拿着剪刀剪绳子，可镜子里映出的却是她在墙纸前吃像小山一样的冰激凌。

联想：穿裙子、涂指甲、照镜子的护士正在山上卖剪刀、绳子和墙纸，然后吃冰激凌。

多种有效的记忆方法

背诵——记忆的根本

理解——记忆的基础

趣味——记忆的媒介

应用——记忆的动力

卡片——记忆的仓库

争论——记忆的益友

重复——记忆的窍门

联想——记忆的捷径

简化——记忆的助手

整理——记忆的措施

第5节 打破思维定式：思维力训练

思维定式，是大脑的思维，形成一种惯性思考规律的模式。思维定式也称"惯性思维"。每个人从一生下来就在接受着各种各样的思维训练。思维定式是妨碍学生创造性解决问题的最大障碍。因此，在学习中打破思维定式，尤其要注重激发学生的好奇心、求知欲，培养逆向思维、求异思维、发散思维、多向思维、想象思维，力求求异、求新，培养思维的创造性，使学生对习以为常的事物产生新的创意和认识，从而达到开发和拓展学生创造性思维能力的目的。

生涯困惑

上初中以来，莉莉有两个很苦恼的问题：一是记忆力差了很多，许多东西记不牢；二是学习的时间没有条理性，乱如麻，发现自己上课听讲后，没办法将老师讲过的知识点转化并应用起来，有时一道题目要思考很久，不知道是什么原因……

请大家思考以下几个问题：

（1）莉莉在学习上发生了什么问题？

（2）为什么她没有办法将学过的知识应用起来？

生涯测试

思维能力自测

（1）用13根火柴可组成6个同样大小的长方形（图4-18），取走一根火柴，请你组成6个大小相等、形状相同的三角形。（限时30秒）

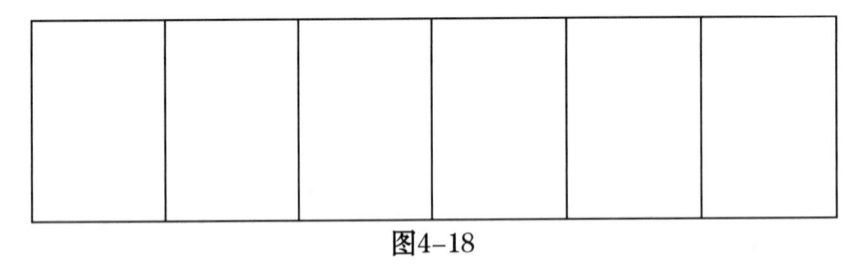

图4-18

（2）一天晚上，盗贼开着偷来的一辆装着大型集装箱的卡车，在逃跑途中，这辆卡车在一座桥梁下过不去了。盗贼下车一看，只差1.5厘米。卡车上装的集装箱又是正方形的，往哪边倒高度都一样，眼看就要被追上了，盗贼想弃车逃跑，但他突然想出了一个方法，在追来的卡车到达前10秒通过了桥梁，而追来的卡车又被卡在桥下过不去了。请问盗贼用的什么办法？（限时1分钟）

（3）某公司人事经理打算从三名应聘条件较好的求职者中选择一位反应最快的人。人事经理出了这样一道题：我这里有5顶帽子，3顶是白色的，2顶是黄色的。请你们面对墙站好，我给你们每人头上戴上一顶帽子，然后你们转过身来，每个人都可以看到另外两个人头上的帽子。谁能第一个正确说出自己头上帽子的颜色，我就聘用谁。说完后他给面墙而立的3个人头上都戴了白色帽子。3个人转过身来，互相看着对方，无人吭声。后来，其中一人说：我戴的帽子是白色的。他说对了，经理聘用了他。请问，他是怎样猜出自己所戴帽子的颜色的？（限时3分钟）

（4）在问号处填上一个什么数字才合适？（限时1分钟）

6　　14　　?　　62　　126

（5）一个贵妇人花了一万美元买了一枚漂亮的戒指。可是第二天她来到同一家首饰店说：昨天买的戒指不喜欢。于是，店员给她拿了一枚价值两万美元的戒指，贵妇人对店员说：昨天给你一万美元，刚才又给了你一个价值一万美元的戒指，合起来是两万美元，正好买下现在这枚戒指对吧？店员说：对。欢迎下次再来。贵妇人走后，店员向老板报告了换戒指的事，并说：今天不错，卖出了一枚两万美元的戒指。话未说完就被老板训斥了一通。请你说说店员为何挨训？（限时1分钟）

（6）甲、乙、丙、丁四个孩子在院子里踢足球，一不留神将一户人家的窗户玻璃给打破了。四个人都很恐慌。在房主人问是谁把球踢到窗户上去的时候，他们谁也不承认是自己打碎的，房主问甲，甲说：是丙打的。丙一着急，反驳道：甲说的不符合事实。房主又问乙，乙说：不是我打的。再问丁，丁说：是甲打的。旁人告诉房主人，这四个孩子中只有一个人说的是真话。请你根据这些条件，找出打破玻璃的孩子？指出是谁说了真话。（限时5分钟）

（7）3瓶啤酒，每瓶都平均分给几个人喝，但喝各瓶啤酒的人数都不相同，其中有一人喝的啤酒总数量正好相当于一整瓶酒的量。请问这3瓶啤酒各有几个人喝？（限时2分钟）

（8）宇宙公共汽车在第一个空间站有1/6的乘客下车，第二个空间站有1/5的乘客下车，第三个空间站有1/4的乘客下车，第四个空间站有1/3的乘客下车，第五个空间站有1/2的乘客下车，到终点站第六个空间站所有乘客全部下车。途中没有人上车，请问这辆车最初至少有多少名乘客？（限时1分钟）

（9）下面有7个单词，请你根据单词意义分组。（限时3分钟）

知更鸟、飞机、小船、鲸鱼、黄蜂、小刀、鳄鱼。

（10）请你在1分钟内尽可能多地说出砖块的用途。

（11）把24人排成6列，每5人一列，请问如何排？（限时1分钟）

（12）在一个屋子里，点燃10根蜡烛，风吹灭了2根，过了一会儿风又吹灭了1根。为了防止风再把蜡烛吹灭，主人把窗户关了起来。此后一根蜡烛也没有被吹灭。请问最后还剩下几根蜡烛？（限时1分钟）

（13）3张扑克牌面朝下地在桌上排成一排，已知：方块在J的右边，梅花在方块的左边，A在K的左边。指出每张牌分别是什么牌？（限时1分钟）

思维能力评判：

做对10个以上的题目，表明有很强的思维能力。

做对7～9个题目，表明思维能力较强。

做对4～6个题目，表明思维能力一般，需要有意识地加强训练。

生涯名词

思维力

思维力是人脑对客观事物间接的、概括的反应能力。当人们在学会观察事物后，会逐渐把各种不同的物品、事件、经验分类归纳，不同的类型都能通过思维进行概括。心理学家把思维定义为"人脑对客观事物的本质属性和事物之间内在联系的规律性所做出的概括和间接的反应。"所以，在探索事物本质属性的过程中，思维力的强弱就显得尤为重要。对于学生来说，对学科知识的理解、分析、归纳、分类、整合、概括、推理、判断的能力决定了对知识掌握的程度。所以，思维力越强的学生对学习就越能胜任。

思维力包括理解力、分析力、整合力、比较力、概括力、抽象力、推理力、论证力、判断力、心算力等。它是整个智慧的核心，参与、支配着一切智力活动。每个人的学习、工作和生活都离不开思维力。培养思维力是每个人从小必须做的练习和成才途径。

思维能力差的主要表现

1. 语言表达能力不足

我们一般通过语言来表述自己的意思，如果一个人的逻辑思维能力不足，他就很难正确表达自己的真实想法，经常会逻辑混乱，词不达意，让别人听得云里雾里，摸不着头脑。同时，他在倾听别人讲话时，也常常抓不住重点，会误解说者的意思。

2. 归纳总结能力不足

逻辑思维能力差的人，很难快速对不同类型的事物进行分析、整理、归纳，他们往往需要花更长的时间才能归纳好、总结出最终的结果。

3. 理科学习成绩较差

数学、物理等学科，对他们来说，就像在学一本天书，书上的文字全部都认识，可就是看不懂。理科成绩比较差是逻辑思维能力差的主要表现。

培养逻辑思维能力，不是一两天就能做到的，先要找到其中的原因，有针对性地解决问题，这样才能找到提高思维能力的好办法。

培养思维能力的重要性

思维能力是一种重要的认知能力，它涉及推理、分析和解决问题的能力。而培养思维能力，不仅能够帮助我们在学习上取得更好的成绩，还能够为我们未来的发展奠定坚实的基础。

1. 能够提高学习效率

思维能力有助于我们在学习过程中更好地理解和掌握知识。通过思维训练，我们能够将知识点进行有效地归纳和整理，形成有序的知识框架。这样的框架不仅有助于记忆，还能提高学习效率，让我们在课堂上有更多的时间去思考和探索。

2. 激发创新潜能

思维能力不仅仅是分析问题和解决问题的能力，更是一种创新的能力。通过逻辑思维，我们能够突破传统思维模式，产生新的想法和解决问题的方法。这种创新能力不仅能帮助我们在学习中脱颖而出，还能在未来的工作和生活中为我们提供无限的可能。

3. 增强适应能力

思维能力使我们在面对变化和挑战时更具适应能力。无论是在家庭、学校还是社会环境中，我们都会遇到各种各样的问题。具备思维能力的人能够迅速分析问题，找出关键点，并采取有效的措施解决问题。这种适应能力不仅能使我们更好地融入环境，还能提高自信心。

4. 培养团队协作能力

思维能力强不仅是个人的优势，也是团队协作的关键。一个具备思维能力的人能够在团队中清晰地表达自己的观点和想法，有效地与他人沟通。这样的能力有助于提高团队的协作效率，形成更强的团队凝聚力。

5. 提升解决问题的能力

思维能力是解决问题的重要工具。无论是生活中的琐碎问题，还是学习中的复杂难题，具备思维能力的人都能有条不紊地解决。这种解决问题的能力不仅能帮助我们取得更好的学习成绩，还能帮助我们在日常生活中更加游刃有余。

6. 增强自信心

当我们具备了逻辑思维能力，就能更好地应对生活中的各种挑战。无论是面对困难的问题，还是面对各种决策，都能依靠自己的思维能力找到解决方案。这种能力会让我们对自己产生强烈的信心，从而将各个方面的潜力激发出来。

总的来说，培养思维能力对于我们的成长有着深远的影响。从提高学习效率、激发创新潜能、增强适应能力、培养团队协作能力、提升解决问题能力，到增强自信心，思维能力都能为我们提供一种强大的工具，帮助我们更好地理解世界，应对挑战。

生涯训练

联想与思考

1. 列举猫和蚊子的共同之处，越多越好。

2. 看谁传得快。10人一组围成一个圈，拿一副扑克牌，每张都是从第一个人传到最后一个人，每个人只能用一只手传递，看哪一组传得最快。

活动开始后计时，最快的一组用时：_____ 秒。

注意，此活动最快的传递速度为0.5秒，想想他们是怎么做到的。

3. 小组合作活动。要求用8根火柴拼成一个菱形，菱形的每个边只能用1根火柴。

4. 送谁出去。私人飞机坠落在荒岛上，只有4人存活。这时逃生工具只有一个只能容纳一人的橡皮气球吊篮，没有水和食物。

角色分配

怀孕妈妈：怀胎8个月。

发明家：正在研究新能源（可再生、无污染）汽车。

医学家：多年研究传染病的治疗方案，已取得突破性进展。

宇航员：即将远征火星，寻找适合人类居住的新星球。

请根据以上内容，考虑送出去的人对留下来的人有帮助，考虑其职业的作用。

（1）需要写出自己想要送出去的人。

（2）多思考多问自己为什么要送他出去并写出原因。

（3）在题目要求的限制下我们还有其他补救方式吗？

（4）尝试挑战题目限制，发挥创造力，救更多人或者解决更多人的生存问题。

（5）该题没有固定答案，哪位同学说的最具有说服感染力为优胜。

思维导图

思维导图是一种有效的思维模式，应用于记忆、学习、思考等的思维导图，有利于人脑扩散思维的展开。

思维导图运用图文结合的技巧，把各级主题的关系用相互隶属与相关的层级图表现出来，把主题关键词与图像、颜色等建立记忆链接，思维导图利用记忆、阅读、思维的规律，将记忆的内容简化为简单的词语和图像，协助人们在科学与艺术、逻辑与想象之间平衡发展，从而挖掘人类大脑的无限潜能。

思维导图是一种将发散性思考具体化的方法。我们知道发散性思考是人类大脑的自然思考方式，每一种进入大脑的资料，无论是感觉、记忆还是想法，包括文字、数字、符号、食物、香气、线条、颜色、意象、节奏、音符等，都可以成为一个思考中心，并由此中心向外发散出成千上万的关节点，每一个关节点代表与中心主题的一个连结，而每一个连结又可以成为另一个中心主题，再向外发散出成千上万的关节点，而这些关节的联结可以视为你的记忆，也就是你的个人数据库。

思维导图训练的好处

随着人们对思维导图的认识和掌握，思维导图可以应用于生活和工作的各个方面，包括学习、写作、沟通、演讲、自我管理等，运用思维导图带来的学习能力和清晰的思维方式会改善你的诸多行为表现：

（1）成倍提高你的学习速度和效率，更快地学习新知识以及复习整合旧知识。

（2）激发你的联想与创意，将各种零散的智慧、资源等融会贯通为一个系统。

（3）让你形成系统的学习和思维的习惯，并帮助你完成众多想要达到的目标，包括快速地记笔记，顺利地通过考试，轻松地表达、沟通、演讲、写作、自我管理，等等。

（4）让你具有超人的学习能力。

（5）让你尽快掌握思维导图这个能打开大脑潜能的强有力的图解工具。它能同时让你运用大脑皮层的所有智能，包括词汇、图像、数字、逻辑、韵律、颜色和空间感知。它可以运用于学习和生活的各个层面，帮助你更有效地学习，更清晰地思考。

制作思维导图

参考主题：生活类：铅笔的用途、电的应用等。

心理类：和同学争吵的解决办法、应对考试焦虑等常识。

交通工具：意识自救等。

学习类：李白的作品、英语语法等。

制作步骤：（1）选一个主题，或自拟题目，置于纸中间或上部明显的位置。

（2）绘制一级分支，用不同颜色加以区别。

（3）将每个一级分支的关键词写在对应区域。

（4）按照分类再具体写下知识点或重要事件的关键词。

（5）进一步修饰完善自己的导图，使之看上去更合理、美观。

（6）在小组内分享和交流，如导图绘制过程中遇到了哪些问题，对你有哪些启发等。

思维导图是逻辑思维与发散思维的完美结合，通过绘制思维导图，学会分类归纳总结，进而激发灵感和创新思维。